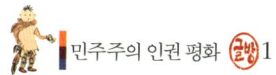민주주의 인권 평화 1

강을 거슬러 한 기억이 흐른다

## 국립중앙도서관 출판시도서목록(CIP)

강은 거룩한 기억이 흐른다 : 아메리카 원주민 속에 전승되는 영혼의 노래 / 신명섭 엮고 옮김. – 파주 : 고인돌, 2010
  p. ;   cm. – (민주주의 인권 평화 글방 ; 1)

ISBN 978-89-94372-14-3 03840 : ₩14500

아메리카 원주민[-原住民]

940.1-KDC5
970.00497-DDC21                                    CIP2010001908

민주주의 인권 평화  책방 1

아메리카 원주민 속에 전승되는 영혼의 노래

—신명섭 엮고 옮김—

# 강을 거룩한 기억이 흐른다

··· 시애틀 추장

고인돌

# 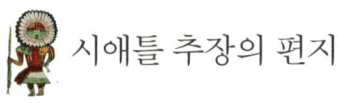 시애틀 추장의 편지

> 미국 서부지역에 거주하던 두아미쉬-수쿠아미쉬 족의 추장 시애틀은 1854년 미합중국대통령 피어스에 의해 파견된 백인 대표자들이 이 원주민 부족이 전통적으로 살아온 땅을 팔 것을 제안하자, 〈시애틀 추장의 편지〉로 널리 알려진 연설을 하게 된다. 신자유주의 세계화로 지구와 인류가 파괴와 재앙에 직면한 오늘날 〈시애틀 추장의 편지〉는 시대를 초월하여 생생한 호소력으로 전해진다.

워싱턴의 백인 대추장이 우리 땅을 사고 싶다는 편지를 보내왔다. 우정과 호의의 말도 있었다.

그가 답례로 우리의 우정 어린 말을 필요로 하지 않는다는 것을 잘 알고 있기에 이 점 그로서는 친절한 일이다. 우리는 그대들의 제안을 진지하게 고려해보겠다. 우리가 땅을 팔지 않으면 백인들이 총을 들고 와서 우리 땅을 빼앗을 것임을 우리는 너무나 잘 알고 있다.

그런데 궁금하고 이상한 것은 저 하늘과 따사로운 땅을 어떻게 사고 팔 수 있다는 것인지 도무지 알 수 없다. 신선한 공기와 맑은 물을 우리가 소유하고 있지 않은데 어떻게 그대들에게 하늘과 땅을 팔 수 있겠는가?

우리에게 이 땅 구석구석 어디나 신성하지 않은 곳이 없다. 햇살을 받아 반짝이는 소나무의 솔잎, 해변의 모래알들, 깊은 숲 속에서 피어오르는 안개, 넓고 푸른 풀밭, 윙윙거리며 우는 갖가지 곤충과 벌레들…. 이 모두가 우리의 기억과 경험 속에 거룩하게 흐르고 있다. 나무줄기 속을 흐르는 수액은 마치 우리 몸속을 흐르는 피와 같이, 우리 원주민들의 기억과 경험을 실어 나르고 있다.

백인들은 죽어서 별들 사이를 거닐 적에 태어난 곳을 망각해 버리지만, 우리는 죽어서도 이 아름다운 땅을 결코 잊지 못한다. 땅은 바로 우리의 어머니이기 때문이다. 우리는 땅의 한 부분이고 땅은 우리의 한 부분이다. 향기로운 들꽃은 우리의 자매이고, 사슴, 말, 큰 독수리, 이들은 우리의 형제들이다. 바위 투성이 산과 봉우리, 풀의 수액, 조랑말과 인간의 체온 모두가 한 가족이다.

워싱턴의 백인 대추장이 우리 땅을 사고 싶다는 전갈을 보내 온 것은 우리의 거의 모든 것을 달라는 말과 같다. 워싱턴의 백인 대추장은 우리 원주민만 따로 살 수 있도록 한 장소를 마련해 주겠다고 말했다. 그러면 그는 우리의 아버지가 되고 우리는 그의 자식이 되는 것이다. 그러니 우리 땅을 사겠다는 그들의 제안을 잘 생각해보겠지만, 이 땅은 우리에게 거룩하고 신성한 것이기에 파는 것은 쉬운 일이 아니다. 개울과 강을 흐르는 이 반짝이는 물은 그냥 물이 아니라 우리 조상들의 피와 같다. 만약 당신들이 이 땅을 사갈 경우에 이 땅이 거룩하고 신성한 것이라는 걸 꼭 기억해 달라. 당신들은 아이들에게 이 땅이 신성한 곳이며, 호수의 맑은 물속에 비친 신령스러운 모습들 하나하나가 우리 부족의 삶과 기억들을 이야기해 주고 있음을 가르쳐야 한다.

강은 우리의 형제이고 우리의 갈증을 풀어주었다. 물결의 속삭임은 우리 아버지가 내는 목소리와 같다. 카누를 날라주고 자식들을 길러주었다. 만약 당신들이 이 땅을 사게 되면 저 강들이 우리와 그대들의 형제임을 잊지 말고 아이들에게 가르쳐야 한다. 형제에게 대하듯 강에게도 친절하게 대해야 한다.

아침 햇살 앞에서 산안개가 사라지듯이 우리는 백인 앞에서 언제나 뒤로 물러났었지만 우리 조상들의 유골은 신성한 것이고 그들의 무덤은 거룩한 땅이다. 이 언덕, 이 나무, 이 땅덩어리는 우리에게 신성하고 거룩하다.

백인은 우리의 사고방식을 이해하지 못한다. 백인에게는 땅의 한 부분이 다른 부분과 똑같다. 그는 한밤중에 들어와서 필요한 것을 빼앗아가는 이방인이다. 땅은 백인들에게 형제가 아니라 소유의 대상으로 여겨, 어느 땅을 다 정복하면 그들은 또 다른 곳으로 나아간다.

백인은 거리낌없이 아버지의 무덤을 파헤치는가 하면 아이들에게서 땅을 빼앗고도 개의치 않는다. 아버지의 무덤과 아이들의 타고난 권리는 잊혀지고 있다. 백인은 어머니인 땅과 형제인 저 하늘을 마치 양이나 목걸이처럼 사고 약탈하고 팔 수 있는 것으로 대하고 있다. 백인의 탐욕은 땅을 삼켜버리고 오직 사막만을 남겨놓을 것이다.

우리가 사는 방식은 그대들과는 사뭇 다르다. 그대들이 사는 도시의 모습은 우리의 눈에 고통을 준다. 백인이 사는 도시에는 조용한 곳이 없고 너무 시끄럽다. 봄에 난 잎새가 바람에 흔들리는 소리나 벌레들이 날개 부딪치며 나는 소리를 들을 수가 없다. 우리가 미개하고 무지하기 때문인지는 모르지만, 도시의 소음은 귀를 모욕하는 것만 같다. 멀리 숲 속에서 들려오는 쏙독새의 외로운 울음소리나, 한밤에 연못가에서 들리는 개구리 소리를 들을 수가 없다면 삶에는 무엇이 남겠는가? 우리는 도무지 이해할 수가 없다. 우리는 연못 물결 위를 빠르게 스치는 부드러운 바람소리와 한낮의 소낙비에 씻긴 바람에 머금은 소나무 향기를 사랑한다.

공기는 우리에게 더없이 소중하다. 살아있는 모든 것들은 같은 숨결을 나누고 숨 쉰다. 동물과 나무 그리고 사람은 같은 숨결을 나누며 산다. 백인은 자기들이 숨 쉬는 공기를 느끼지 못하는 듯하다. 죽어가고 있는 사람처럼 악취에 무감각하다. 만약 우리가 그대들에게 땅을 팔게 되더라도 우리에게 공기가 소중하고, 또한 공기는 온갖 생명과 신령스러운 기운을 나누어 갖는다는 사실을 그대들은 기억해야 한다. 우리의 할아버지에게 첫 숨결을 베풀어준 바람은 할아버지의 마지막 숨도 받아준다. 바람은 우리의 아이들에게 생명의 기운을 불어넣어 준다. 우리가 우리 땅을 팔게 되더라도 공기를 잘 간수해서 백인들도 들꽃들로 향기로워진 바람을 맛볼 수 있는 신성한 곳으로 만들어야 한다.

우리는 우리 땅을 사겠다는 그대들의 제의를 고려해보겠다. 만약 제의를 받아들일 경우 한 가지 조건이 있다. 이 땅의 짐승들을 형제처럼 대해 달라는 것이다. 나는 어리석은 탓인지 백인들의 생각을 이해할 길이 없다. 나는 초원에서 썩어가고 있는 수많은 물소를 본 일이 있다. 모두 달리는 기차에서 백인들이 총으로 쏘아 죽이고 그대로 내버려둔 것이다. 연기를 뿜어내며 달리는 기차가, 우리가 오직 생존을 위해서만 죽이는 물소보다 어째서 더 소중한지를 모르는 것도 우리가 미개인이기 때문인가? 동물들이 없는 세상에서 사람이란 무엇인가? 모든 동물이 사라져버린다면 사람은 영혼의 외로움으로 죽게 될 것이다. 동물에게 일어난 일은 사람들에게도 일어나게 마련이다. 모든 것은 서로 연결되어 있다.

그대들은 아이들에게 땅은 우리 조상의 뼈와 살이라는 것을 가르쳐야 한다. 그들이 땅을 존경할 수 있도록 그 땅이 우리 종족의 삶들로 가득 차 있다고 말해주라. 우리가 우리 아이들에게 가르친 것을 그대들의 아이들에게도 가르치라. 땅 위에 닥친 일은 그 땅의 자식들에게도 닥칠 것이니, 그들이 땅에다 침을 뱉으면 곧 자신에게 침을 뱉는 것과 같다. 우리는 알고 있다. 땅이 인간에게 속하는 것이 아니라 인간이 땅에 속하는 것을.

세상의 모든 것은 마치 한 가족을 맺어주는 피처럼 같이 맺어져 있다. 사람이 생명의 그물망을 짜는 것이 아니다. 사람은 하나로 맺어져 있는 생명의 그물망에서 한 가닥에 불과하다. 생명의 그물망을 해치는 짓은 곧 자신에게 하는 짓이다.

우리 종족을 위해 그대들이 마련해준 곳으로 가라는 그대들의 제의를 고려해보겠다. 우리는 백인들과 떨어져서 평화롭게 살 것이다. 우리가 남은 삶을 어디서 보낼 것인가는 중요하지 않다. 우리의 아이들은 아버지가 패배의 굴욕을 당하는 모습을 보았다. 우리의 전사들은 패배한 이후로 수치심에 사로잡혀 헛되이 나날을 보내면서 단 음식과 독한 술로 육신을 더럽히고 있다.

그리 많은 날이 남아있지 않다. 몇 시간, 혹은 몇 번의 겨울이 더 지나가면 언젠가 이 땅에 살았거나 숲 속에서 조그맣게 무리를 지어 살고 있는 위대한 부족의 자식들 중에 그 누구도 살아남아서 한때 그대들만큼이나 힘세고 희망에 넘쳤던 사람들의 무덤을 슬퍼해 줄 수 없을 것이다. 그러나 내가 왜 우리 부족의 멸망을 슬퍼해야 하는가? 부족이란 사람들로 이루어져 있을 뿐 그 이상은 아니다. 사람은 바다의 파도처럼 밀려 왔다 밀려 간다. 자기네 하느님과 친구처럼 함께 걷고 이야기하는 백인들조차도 이 공통된 운명에서 벗어날 수는 없다. 결국 우리는 한 형제임을 알게 되리라.

백인들 또한 언젠가는 깨우칠 것이다. 우리 모두의 하느님은 하나라는 것을. 그대들은 땅을 소유하고 싶어 하듯 하느님을 소유하고 있다고 생각할는지 모르지만 그것은 절대 불가능한 일이다. 하느님은 모든 사람의 하느님이며 그의 자비로움은 우리에게나 백인에게나 똑같은 것이다. 이 땅은 하느님에게 소중한 것이므로 땅을 마구 파헤치는 것은 그 창조주에 대한 모욕이다. 백인들도 마찬가지로 사라져갈 것이다. 어쩌면 다른 종족보다 더 빨리 사라질지 모른다. 계속해서 그대들의 잠자리를 더럽힌다면 어느 날 밤 그대들은 쓰레기더미 속에서 숨이 막혀 죽을 것이다. 그대들이 멸망할 때 그대들을 이 땅에 보내주고 어떤 특별한 목적으로 그대들에게 이 땅과 원주민을 지배할 권한을 허락해 준 하느님에 의해 불태워져 환하게 빛날 것이다. 이것은 우리에게는 불가사의한 신비이다. 언제 물소들이 모두 살육되고 야생마가 길들여지고 은밀한 숲 구석구석이 수많은 사람들의 냄새로 가득 차고 무르익은 언덕이 말하는 쇠줄(전화선)로 더럽혀질 것인지를 우리가 모르기 때문이다. 덤불은 어디에 있는가? 사라지고 말았다. 독수리는 어디에 있는가? 사라지고 말았다. 날랜 조랑말과 사냥에 작별을 고하는 것은 무엇을 의미하는가? 삶의 끝이자 죽음의 시작이다.

  우리 땅을 사겠다는 그대들의 제의를 고려해보겠다. 우리가 거기에 동의한다면 그대들이 약속한 보호구역을 살 수 있을 것이다. 아마도 거기에서 우리는 얼마 남지 않은 날들을 마치게 될 것이다. 마지막 원주민이 이 땅에서 사라지고 그가 다만 초원을 가로질러 흐르는 구름의 그림자처럼 희미하게 기억될 때라도, 기슭과 숲들은 여전히 내 백성의 영혼을 간직하고 있을 것이다. 새로 태어난 아이가 어머니의 심장의 고동을 사랑하듯이 이 땅을 사랑할 것이다. 그러므로 우리가 땅을 팔더라도 우리가 사랑했듯이 이 땅을 사랑해 달라. 우리가 돌본 것처럼 이 땅을 돌보아 달라. 그대들이 이 땅을 차지하게 될 때 이 땅의 기억을 지금처럼 마음속에 간직해 달라. 온 힘을 다해서, 온 마음을 다해서 그대들의 아이들을 위해 이 땅을 지키고 사랑해 달라. 하느님이 우리 모두를 사랑하듯이.

  우리는 알고 있다. 우리 모두의 하느님은 하나라는 것을. 이 땅은 하느님에게 소중하다. 백인들도 이 운명에서 벗어날 수 없다. 결국 우리는 한 형제임을 알게 되리라.

# 이 세상 그 무엇도 소유할 수 없다

신명섭

 운명의 1492년, 이탈리아 출신의 선장 크리스토퍼 콜럼버스는 몇 년 동안 기다리며 조르고 조른 끝에 이사벨라 스페인 여왕에게서 배 3척과 선원 90명을 하사받아 그들을 이끌고 스페인을 떠나 수개월 후 지금의 서인도제도에 도달한다. 아라왁(Arawak)이라는 원주민들은 그의 일행이 하늘에서 내려온 사람들이라고 착각하여 대접이 각별하였다. 먹을거리, 앵무새 같은 선물을 잔뜩 갖다 바쳤다.
 콜럼버스는 그곳이 인도 땅인가 싶어 물으니 말이 통하지 않아 제 맘대로 아라왁 사람들의 나라를 인도(Indies)라 하고 그 원주민을 인디언(Indian)이라 불렀다. 이 얼마나 무지하고 오만무례한 작명인가. 허나 콜럼버스가 잘못 지은 그것은 그 후 북남미 모든 지역의 토착민을 일컫는 오명이 되었다. 남미사람들은 인디오, 북미원주민들은 인디언. 서구인 한 선장의 실수로 인해 정말 어처구니없는 명칭이 굳어져버린 것이다. 몇 세기가 흐른 지금은 당사자인 원주민들도 "인디언"이라는 오칭을 별로 개의치 않는 듯하지만, 가만 생각해보면 북남미원주민이라고 해서 함부로 아무에게나 적용해서는 안 될 이름이다.

아브나키, 모헤간, 알곤킨, 델라웨어, 오지브와, 미아미, 일리노이, 아씨비오네, 샤이엔, 칸사, 위치타, 키오와, 쇼쇼네, 코만체, 아파체, 피마, 파파고, 나바호, 미아두, 칼라푸야, 야키마, 크로우, 아라파호, 포오니 등등 수많은 토착민 나라의 고유명사에다가 인디언 자를 붙인다.

이는 마치 우리를 가리켜 코리안 인디언, 일본을 저팬 인디언, 중국을 차이나 인디언……이라고 함과 다를 바 없지 않은가? 그러잖아도 우리는 일찍이 일제강점기에 "조센징"이라고 열등국민 취급을 당한 적이 있다. 남의 이름을 제멋대로 지어서 어엿한 고유명사 뒤에 갖다 붙이는 것은 실례를 넘어 타문화의 존엄성을 무시하고 짓밟는 무지이며 교만이다. 그러면서도 편의상 할 수 없이 인디언이라는 명칭을 써야 하지만 적어도 그 배후의 역사를 의식하고 삼가 써야 할 일이다.

네페르세 족(Nez Perce, 북미 서북부지역) 지도자 스모할라(Smohalla)의 말을 들어보자.

백인들은 나더러 땅을 파헤치라 하지.
칼을 들어 우리 어머니 가슴을 찢으란 말인가?
그래서 내가 죽으면 어머니가 나를 가슴에 품어 주실까?
땅에서 돌을 파내라고? 어머니 몸속의 뼈를 꺼내려고 살을 파?
그러면 나 다시는 어머니 몸에 들어가 재생할 수 없잖은가?
풀을 뜯어서 건초를 만들어 팔라고?
그래서 백인처럼 부자가 되게?
내 어찌 어머니의 머리카락을 뜯어낼쏜가?
자네들의 법은 사악하니 우리는 따를 수가 없으매,
난 우리나라 사람들이 나와 함께 여기 머물러 있기를 바라네.
죽은 분네들이 모두 회생하실 터,
조상들이 살던 이 집에서 기다리며 어머니 몸으로
다시 태어나실 분네들 맞이할 준비를 해야지.

위에 소개한 "인디언" 시에는 대륙을 통째로 앗아간 침략자에 대한 스모할라의 증오와 분노가 암시적으로 깔려있다. 그러나 우주 삼라만상의 아름다움과 진리를 하마 몇 천 년 앞서 터득한 그들은 치솟는 한을 정신세계로 승화시키고, 당장은 억울하여도 종국에는 대신령(Great Spirit)이 빼앗긴 땅을 되찾아줄 것이며 잃어버린 태평성대를 누릴 거라고 믿는다. 과연 그렇게 될까? 하는 물음에 우리는 대답할 수 없다.

그러나 한 가지 사실은 분명하다. 오늘날 이른바 신자유주의 세계화 시대로 접어들면서 인류가 겪고 있는 온난화, 이산화탄소, 이상기후, 생태계파멸 들은 그동안 물질적 발전만을 지상 목표로 삼아 숨 가쁘게 달려온 우리 인간의 집합적인 잘못의 결과임을 깨닫는 시점에서, 자본주의 가치를 추구해온 우리와는 달리 자연을 집으로, 학교로, 생활터전으로 삼아 땅과 밀접한 생활을 영위해온 인디언들의 고매한 정신세계, 그들의 겸허하고, 검소한 생활방식이 아니면 온 누리가 직면한 재앙을 피할 길이 안 보인다는 것이다.

자연을 경외해온 원주민들에게 "있는 그대로"의 자연은 위대한 신령이 소중히 쓰라고 준 고마운 생활터전이지, 함부로 파헤친다거나 남용할 대상이 아니었다. 그들은 최저선에서 필요한 만큼만 자원을 이용하고 그 이상은 손을 대지 않는 것이 원칙이었다. 이는 그들 문화에, 몸에 배인 생활철학이고 습관이었다. 땅은 필요한 만큼만 사용하는 것, 결코 소유하거나 사고파는 물건이 아니었다. 하지만 이토록 토속적인 자연관, 가치관은 드넓은 신천지에 눈이 어두워져서 인산인해로 몰려드는 유럽인들에게 먹혀들 리 없었다. 그들의 눈에 비친 원주민들은 단지 미개한 야만인일 뿐이었다. 결국 "야만인"들은 이 침입자들의 수와 우수한 무력에 (한반도의 40배나 되는) 대륙을 빼앗기고 학살되거나 이른바 "보호구역"에 갇힌다. 원주민들의 주식

원인 들소(buffalo)도 한 때는 6천만 마리를 웃돌 정도였으나 정부의 하청을 받은 총잡이들에게 전멸되다시피 하여 겨우 3천 마리로 급감, 멸종위기의 동물이 되었다.

북남미원주민 노래와 시에 담긴 정서는 우리나라나 중국의 옛 시를 대하는 느낌을 준다. 극도로 아껴 쓰는 어휘지만 그 속내는 예리하고 강렬하며 우렁차다. 간결한, 때로는 반복되는 구절구절에 힘, 리듬, 아름다움, 혼이 배어 있다. 비, 바람, 천둥, 강산, 동식물 등 자연 또는 물리적 현상들은 언제나 신이나 혼과 이어져 언급되고 있다. 예컨대 캘리포니아 지역의 요쿠트 인들은 "이 세상과 하나" 되기를 기원하고, 미서남부지방의 나바호 사람들은 촉촉한 비를 맞으며 무럭무럭 자라는 옥수수를 의인화하여 예찬하며, 동북부의 파사미쿼디 시인은 하늘의 별을 노래한다. 그런가 하면 저 멕시코 아즈텍 사람들은 우리를 이렇게 타이른다.

이 세상 그 무엇도 소유할 수 없다. 무엇을 탐내랴. 내리쬐는 햇빛이 황금이고 샘물에 비치는 그 파란색 더할 나위 없이 아름다운데.

그러나 이것 역시 모두 일시적이요 소유할 수 없는 거라고. 인디언 노래와 시에 늘 등장하는 소재와 주제는 구름, 눈과

비, 바람, 천둥과 우뢰, 동식물 등 온갖 자연현상들이지 땅위에 우뚝 선 탑이나 건물, 시설물 등 인위적인 물건이 전혀 아니다. 서구문학에 흔히 나오는 낭만적인 미사여구도 없다. 그네들에게 중요한 것은 물질이 아니고 자연 속에 자족하면서 꿈을 통해 받은 영감을 따라 그대로 심신을 연마하고 스스로를 정신적으로 높이, 깊이 승화시키는 일이었다. 그러므로 우리가 그들의 시를 통해 느끼는 것은 거의 극단적이라 할 차원의 "순수함"이다.

## 차례

시애틀 추장의 편지
|엮은이 말| 이 세상 그 무엇도 소유할 수 없다

# 1부 우리 노래는 하늘에 가 닿는다 • 25

'네사우알코요틀'의 노래 • 28
수우 인의 기도 • 30
삶에 대한 충언 • 32
꿈 노래 • 34
아메리카 원주민 신화 - 씨족의 기원 • 35
여명(黎明)으로 지은 집 • 40
하늘 베틀의 노래 • 43
기도 1 • 45
'태양의 춤' 도중에 올리는 기도 • 46
비를 기원하는 노래 1 • 47
비의 수호신 카치나의 노래 • 50
크로우 족 전설 - 담배의 유래 • 52
전쟁신의 말(馬) 노래 • 57
우리는 … • 60

하늘이 말씀을 하고 계세요 • 61
우리 마음은 하늘에 • 62
해돋이 기도 • 63
'검은 사슴'의 기도 • 64
'흰 영양'의 사곡(死曲) • 66
두 유령의 노래 • 67
독수리와 달의 신 • 68
해돋이 노래 • 70
비 노래 • 71
비를 기원하는 노래 2 • 73
저 멀리 보이는 산 • 75
헤요카 의식의 노래 • 76
카치나의 노래 • 77
도깨비 춤 노래 • 80

## 2부 온 세상이 나를 위해 운다 • 83

아기 탄생의 노래(사당문(祠堂門)이 열림을 기리는 노래) • 86
갓난아기의 탄생을 우주에 알림 • 88
자장가 • 90
낮 노래 • 91
아파체 기도 • 92
기도 2 • 94
기도 3 • 96
'제로니모'의 노래 • 98
신통력을 받은 자의 노래 • 100
치유의 노래 • 101
베 짜는 사람의 애도 • 102
아메리카 원주민 신화 - 샛별 • 104
연가 1 • 115
연가 2 • 116
연가 3 • 117
사랑 노래 • 118
페루 연가 • 119
나 찾아갈 거야 • 120
어느 여인의 꿈 노래 • 121
삼목 앞에서 올리는 기도 • 122

노인의 기도 • 124

이별가 • 127

애도(哀悼) • 128

타계하는 사람에게 • 130

죽어가는 사람에게 불러주는 노래 • 132

# 3부 땅은 언제나 참고 견딘다 • 135

옥수수 노래 • 138

아메리카 원주민 신화 - 오사지 족 창조 신화 • 140

가신에게 바치는 노래 • 142

독수리의 노래 • 145

내가 네 소리를 들었지 • 146

별들의 노래 • 147

맑은 날씨를 기원하는 노래 • 148

안개를 탓하며 • 149

저 위 매달린 구름 • 150

되돌아오는 생명의 노래 • 151

내 하는 말(言)은 하나로 묶여 • 153

뱀 노래 • 154

아메리카 원주민 민담 - 왜가리와 벌새 • 155
나무의 노래 • 159
개구리는 … • 160
수많은 나무와 시냇물에게 바치는 노래 • 161
열매를 짓찧으며 • 162
비를 부르는 노래 • 163
아메리카 원주민 민담 - 코요테와 컬럼비아 강 • 164
천둥의 노래 • 166
갈색 올빼미 • 167
나는 내가 늑대라 생각했건만 • 168
체로키 족 전설 - 늑대 두 마리 • 169

# 4부 전사의 노래 • 171

고스트 댄스(유령의 춤) 노래 • 174
'상처 난 무릎'에 나를 묻어다오 • 178
모든 게 끝났구나! • 180
우리는 최초의 원주민 • 182
수우 용사의 이야기 • 184
적을 무찌른 자에게 물 한 잔을 • 186

그대 돌아오면 • 188

남편의 죽음을 슬퍼함 • 190

전쟁 노래 • 192

'앉아있는 황소'의 마지막 노래 • 193

헤투슈카단 전사의 노래 • 194

들소야 • 195

샤이엔 족 전설 - 들소의 유래 • 196

전사의 노래 • 201

사냥 노래 • 202

울리파크의 순록 노래 • 204

바람 노래 • 206

싸움터 • 207

열망하는 어머니의 노래 • 208

우티티아크의 노래 • 209

# 5부 아메리카 원주민의 세계관 • 211

# 1부

## 우리 노래는 하늘에 가 닿는다

사람이 죽으면 그의 혼은 땅이나 하늘 어디엔가 있다는 것이 아메리카 원주민의 보편적인 믿음이다. 정확히 어딘지는 모르지만 그의 혼이 여전히 살아있음을 우리는 확신한다. 와칸탄카(대신령)도 마찬가지다. 우리는 그가 무소부재하며, 목소리를 들을 수 없는 친구들의 영혼과 다름없이 우리를 대해준다고 믿는다.

산타-양크톤나이 수우 추장 '곰에게 쫓기는 자'

지상의 모든 것은 목적이 있다.
병이 있으면 그걸 고치는 식물이 있고 사람은 각자 임무가 있는 법. 이것이 아메리카 원주민의 존재이론이다.

살리시(Salish)인 '애도하는 비둘기, 일명 크리스틴 퀸타스켓'

"원(동그라미)에는 치유력이 있다. 원 안에서 우리는 동등하다. 원에는 앞뒤위아래가 없다. '성원'은 일치를 자아내게 되어있다. '삶의 테' 역시 원이다. 이 테에서는 모든 종, 모든 인종, 모든 나무, 모든 식물이 설 곳이 있다. 이 지구가 건실하려면 이러한 삶의 완전함을 반드시 존중해야 한다."

오글랄라 수우 추장 데이빗

# '네사우알코요틀'*의 노래


이 세상의 부귀는 그저 우리에게 대여된 것일 뿐
그토록 향유하기에 좋은 것들은 우리의 소유물이 아니라오
태양은 황금을 쏟아내고
샘물은 푸른 물을 퍼부어 냅니다
수많은 색깔들은 푸른 케찰*(새)의
발가락처럼 우리를 어루만져 줍니다
하지만 우리는 그 어느 것도 하루 이상을 소유하지 못하지요
이 아름다운 것들 중에 그 무엇도 한 시간 이상 지닐 수 없지요
딱 하나만은 영원히 간직할 수 있어요
곧으신 분네들에 대한 기억
선행의 추억
올바른 사람에 대한 기억
이것 하나만은 절대로 누가 앗아가지 못하죠
결코 죽지 않을 겁니다
나는 400가지 소리를 내는
입내새*의 노래가 좋아요
비취의 색깔도 너무 좋고

연약한 꽃향기도

허나 제일 좋은 건 내 형제, 곧 사람이라오

* 네사우알코요틀(1402-72)은 옛 아즈텍(Aztec) 문명권의 도시국가 텍스코코(Texcoco)의 왕 겸 철인, 전사, 건축가, 시인이었다. 통치자이면서 시인이었던 그는 현자로 추앙받으며 철인, 예술가, 음악가, 조각가들을, 이른바 "현인"들을 궁중으로 불러 그들과 같이 예술을 추구하였다. 그들 중에서 왕 자신의 지력이 가장 뛰어난 그는 아름다운 시를 후세에 남기고 또한 그의 치하에서 텍스코코는 법질서를 비롯하여 학문과 예술 면에서 황금시대를 이루었다고 한다. 우리나라 세종대왕의 치적을 떠올리는 인물이다. 현재 멕시코에서는 그의 이름을 딴 도시(Ciudad Nezalhualcoyotl)도 있다. 100페소짜리 멕시코 지폐 앞면에 작은 글씨로 인쇄된 네사우알코요틀의 시가 있다. 어학적으로 nezalhualcoyotl의 의미는 '단식 중인 코요테'.

* 케찰(quetzal)은 깃털이 유별나게 아름다운 트로곤(trogon)과의 새로, 중앙아메리카의 고산 밀림지대에 서식한다. 머리와 날개, 가슴의 털은 화려한 청-황금색이고 배 색깔은 빨갛다. 발가락 넷 중에 둘은 앞쪽을, 나머지 둘은 뒤쪽을 향하고 있는 것이 특이하다. 짝짓기 철이 되면 수컷은 1미터에 달하는 긴 꼬리를 갖는다.

* 입내새 : 북아메리카 지방에 서식하는 새. 자기 고유의 지저귀는 소리를 지니고 있음에도 다른 새들의 울음소리를 흉내 낸다. 흉내지빠귀라고도 한다.

# 수우 인의 기도

오, 대신령님
바람에 실려 오는 당신의 목소리 들리나이다
숨으로 세상에 삶을 주시는 대신령님
제 말씀 들어주소서
무수히 많은 당신의 자식들 중 하나로 당신께 다가온 저
작고 허약하여
당신의 힘과 지혜가 필요하옵니다
아름다움 속에서 걷게 하여주소서
제 눈으로 진홍색 석양을 늘 보게 하여주소서
당신이 만들어 놓으신 것들을 저의 손이 소중히 다루게 하소서
저의 귀는 당신의 목소리에 바짝 기울이게 하여주시고
저를 지혜롭게 하시어 저희들에게 가르쳐주신 것을
나뭇잎 하나하나에, 바위 하나하나에 새겨두신 교훈을
다 알게 하여주소서
저를 강하게 만들어주소서
그것은 제 형제들보다 우월해지려는 게 아니고
저의 가장 큰 적인 제 자신과 싸우고자 함입니다

그래야 저의 삶이 지는 해처럼 꺼질 때

저의 넋이 부끄러움 없이 당신께로 갈 수 있겠나이다


수우 추장 '노란 종달새'

* 수우(Sioux) 족 : 발음은 soo, 끝의 x 는 무성음. 대평원지역 주부족. AD 800년경 북서지역에서 대평원으로 진입했으며 현재는 North/South Dakota, Minnesota, Nebraska 4개 주와 캐나다의 사스카치완 Saskachewan주에 흩어져 있다. 1876년 6월 25일 몬타나주 Little Bighorn이라는 곳에서 George Custer 휘하의 600여 미연방군의 공격을 Crazy Horse와 Sitting Bull 추장을 중심으로 한 수우-샤이엔-아라파호 세 부족연합군이 대파시킨 것으로 유명하다. 1874-1876년 당시 Black Hills라고 하는 수우 족 영토에서 금이 발견되었기 때문에 백인들이 미연방정부와 대평원 원주민들간에 조인되었던 경계를 무시하고 대거 몰려들어 원주민과의 격렬한 충돌이 잦았다.

* 수우(Sioux)라는 이름은 프랑스계 캐나다인들이 오다와(Odawa) 원주민의 외지명 '나아도웨씨와그(Naadowesiwag)'를 빌려다가 '나두웨씨우(Nadouessioux)'라 오역한 것이 Sioux로 단축된 명칭이다. Sioux는 부족명이기도 하고 Dakota, Lakota, Nakota 동일계 언어 셋을 가리키는 포괄적인 말이기도 하다. 엠데와칸튼(Mdewakanton), 시쎄튼(Sisseton), 테튼(Teton), 와페쿠테(Wahpekute), 와페튼(Wahpeton), 양크튼(Yankton), 양크토나이(Yanktonai)는 '대수우국(Great Sioux Nation)'을 구성하는 7개 부족이며 이들은 또 13개의 자치제로 나뉜다. 영어를 쓸 적에 이들은 모두 Sioux 인이라고 자칭한다.

* 수우 족들은 17세기 유럽인이 북미에 들여온 말(馬)을 이용해서 기마술 및 수렵술을 잘 연마, 이로써 들소를 사냥하고 키오와, 오지브웨, 아씨니보이네 등 대평원지역의 타 부족들과 종종 싸움(war party)을 벌였다. 그러나 싸움의 목적은 영토탈취가 아니고 상대방을 퇴각시키거나 무기, 말 따위를 훔치며 용기를 자랑하는 것이어서 호전성을 과시하면서도 실제로 살상하는 경우는 매우 드물었다. 수우 여인들은 일찍부터 아기를 요람에 넣어 등에 업고 다녔는데, 이 풍습이 오늘날 미국을 비롯해서 해외 여러 나라로 전파되었다.

## 삶에 대한 충언

친구, 이리 하세
즉 그대가 살면서 무엇을 하든
가슴과 마음으로 최선을 다 해

그리하여
가슴과 마음이 하나 되면
'우주의 힘'이
와서 그대를 도와줄 터
사람이 '인간의 테' 속에 앉아있으면
모든 창조가 이어져 있으므로
책임을 져야 해

한 사람의 아픔은 모두의 아픔이요
한 사람의 영예는 모두의 영예이니
우리의 행동이 무엇이든 우주안의 모든 것에 영향을 끼친다네

그리하여
그대가 진정
가슴과 마음을 하나로 묶으면
그대가 바라는 게 무엇이든
이루어질 터

                라코타(Lakota) 족 '흰 아기들소 여인'의 말

# 꿈 노래

나는 하늘에서
산책 중이야
동무는
새 한 마리

치퍼와 족의 노래

* 이것은 초자연자와 소통을 하기 위해 금식중인 치퍼와 사람의 꿈속에 떠오른 노래다. 아메리카 원주민들에게는 초자연자가 매우 현실적인 존재이며 그와 소통하는 중에 꿈에서 얻은 노래는 당사자에게 정신적으로 막강한 힘을 실어준다.(민속학자 Frances Densmore)

* 아메리카 원주민들에게 초자연적인 현상은 대단히 사실적이고 현실적이다. 그래서 금식이나 극기를 통해 초자연과 소통을 하는데, 비몽사몽 간에 꿈속에서 듣고 보는 메시지 또는 노래는 당사자에게 평생토록 중요한 길잡이가 되어 영향을 끼친다.

**아메리카 원주민 신화** - 씨족의 기원

 호피 부족이 '첫 세상'에서 나온 옛날 그들은 '떠오르는 태양의 나라'를 찾기 시작했다. 친척들끼리 집단을 이루어 다니면서 그들은 이름 짓기 놀이가 재미있을 거라는 생각이 들었다.
 그들 중에서 맨 첫 집단은 죽은 곰이 있는 곳에 이르자 그것은 자기네더러 '곰 씨족'이 되라는 징후라고 즉시 생각했다. 또 다른 집단도 그 해골이 있는 곳에 도달했으나 그들 눈에 띈 것은 해골주위에 있는 들다람쥐 구멍이었다. 그래서 그 사람들은 '들다람쥐 씨족'이 되자고 합의했다.
 다른 호피 부족민들도 이와 같은 식으로 거미집을

만나서 자신들을 '거미 씨족'이라 이름하였다. 곰 씨족은 바하나 추장과 함께 남들보다 훨씬 앞서갔다. 그들은 언제나 여러 모로 동작이 빨라 보였다.

거미 씨족은 애들이 너무 많은 탓에 맨 뒤로 쳐졌다. 어느 날 그들은 자기가 쳐놓은 커다란 거미줄 가까이에 앉아있는 상냥한 여자거미 한 마리를 만나게 되었다. 그들은 그 여거미를 에워싸고 그녀가 자기네 추장에게 하는 말을 들었다. "나는 초능력을 가진 거미 여인이오. 당신들이 우리 백성의 이름을 땄으니 내가 할 수 있는 건 뭐든지 돕겠소."

"거미 여인이여, 고맙습니다." 추장이 대답하였다. "우리는 떠오르는 태양의 나라를 찾아가는 중이오. 다른 씨족들은 다 우리보다 앞서갔습니다만 우리는 빨리 가고 싶어도 애들이 너무 많아서 등에다가 짐을 잔뜩 지고 가느라 이렇게 쳐졌소이다."

그 말을 듣고 거미 여인이 말했다. "모름지기 내가 당신들의 짐을 좀 덜어드릴 수도 있을 듯하오."

"무슨 말씀이신지요?" 추장이 물었다.

"우선 당신이 뭐를 좀 해줘야 되겠소. 내 밀실로 들

어가면 커다란 물 항아리가 보일 텐데, 그 물로 몸을 씻고 먼지와 떨어져나가는 때는 나한테 가져와야 해요." 거미 여인의 말이었다.

여러 날 여행을 한지라 추장은 너무나 덥고 먼지가 많이 묻어있어서 몸을 씻고 나니 때가 한 주먹이나 되었다. 그걸 거미 여인에게 가져다주니 그녀는 자기의 마술창조를 시작하는 것이었다. 하얗고 폭신폭신한 천을 자기 앞에다가 펼쳐놓고서는 그 때덩어리를 한가운데 놓고 조심스레 둘둘 굴리니까 하얀 공이 되었다.

거미 씨족이 둥그렇게 자리를 잡고 둘러앉아서 기다리고 있는 동안 거미 여인은 창조의식의 노래를 네 번 불렀다. 이따금씩 그녀는 자기의 마술망으로 하얀 공에다 갖다대면서 그 속에 무슨 생명의 징조가 보이는지 점검했다. 거미 여인이 다른 마술노래를 또 네 번 부르니 그 포근하고 흰 공이 앞뒤로 이리저리 뒹구는 게 아닌가! 둘러앉은 사람들이 모두 놀란 눈으로 보고 있는데 아주 작은 회색 동물 한 마리가 작은 다리 네 개를 그 포근한 덮개를 뚫고 밖으로 쓰윽 내

밀었다.

 거미 여인은 그 동물을 당나귀라고 불렀다. 그걸 보자 거미 족은 그 놈이 자기네들에게 도움이 될 만큼 힘이 세지려면 한참 자라야한다는 걸 알았다. 거미여인은 어린 당나귀를 따뜻하게 해주고 마술음식도 먹여주었다. 그녀는 또 당나귀가 빨리 크라고 마술연고를 다리에 발라 마사지까지 해주었다.

 겨우 나흘이 지났는데 당나귀는 벌써 거미 씨족과 함께 여행할 준비가 되었다. 그 사람들은 등에 메고 남는 물자를 당나귀 등 좌우에 싣고 떠오르는 태양의 나라를 향해 길을 떠났다.

 그 후에 거미 여인은 호피 사람들보다 당나귀를 잘 돌볼 줄 아는 사람을 하나 만들었다. 그렇게 해서 그 사람으로 하여금 거미 씨족을 따라잡아가지고 당나귀를 더 잘 보살피는 법을 가르쳐주도록 하였다.

 그러나 그 사람은 이기적인 자라서 거미 족은 도와주지 않고 밤을 타 당나귀를 끌고 딴 데로 가버렸다. 거미 족은 의지했던 당나귀를 잃어서 슬펐으나 그전처럼 무거운 짐보따리를 어깨에 짊어지고 계속 떠오르는 태양의 나라를 향해 터벅터벅 전진하였다.

 물론 곰 씨족이 제일 먼저 목적지에 도착하여 마을을 세우기 시작했다. 다른 씨족들도 천천히 가담하여 인근에 마을을 세웠다. 거기서 호피 부족민은 인구가 늘고 번성하였다. 그렇지만 떠오르는 태양의 나라에 제일 늦게 도달한 거미 족이 다른 어느 호피 씨족들 중에서 가장 커지고 번성한 것은 그 후 세월이 지나면서 아이를 많이많이 낳았기 때문이다.

## 여명(黎明)으로 지은 집

여명으로 지는 집
저녁 빛으로 지은 집
먹구름으로 지은 집
남자 비로 지은 집
검은 안개로 지은 집
여자 비로 지은 집
꽃가루로 지은 집
메뚜기로 지은 집
먹구름이 문간에 와있네
그 꼬리는 먹구름
지그재그 번개가 그 위에 서 있네

남신이여!
나 당신께 제물을 바치나이다
당신께 드릴 담배를 준비하였나니
내 두 발을 회복시켜주소서
내 두 다리를 회복시켜주소서

내 몸을 회복시켜주소서
내 마음을 회복시켜주소서

오늘 저를 위해 당신의 마력을 꺼내소서
나를 위해 마력을 치워주소서
나를 위해 당신이 그것을 치워주시니
저 먼 데로 가버렸나이다
나 기쁘게 회복하나이다
나 속이 시원해지나이다
나 기쁜 마음으로 나아가나이다
속이 시원해지니 걸어가렵니다
더 아프지 않으니 걸어가렵니다
고통 안 느끼니 걸어가렵니다
활기찬 기분으로 걸어가렵니다

오래, 오래전에 그랬듯이
기쁜 마음으로 걸어가렵니다
먹구름 잔뜩 지니고
소낙비 잔뜩 지니고
풀 많이 가지고
꽃가루길 따라

기쁜 마음으로 걸어가렵니다

오래, 오래전에 그랬듯이
내 앞이 아름답게 되어지이다
내 뒤도 아름답게 되어지이다
내 아래도 아름답게 되어지이다
내 위도 아름답게 되어지이다
주위의 모든 것들이 아름답게 되어지이다
모든 게 아름답게 완성되나이다

나바호 족의 노래

# 하늘 베틀의 노래

오! 우리들의 대지의 어머니, 오 우리들의 하늘의 아버지시여
저희는 당신의 자식들입니다
지친 등에 당신들이 좋아하시는 선물을 지고 왔사오니
저희들에게 빛깔 고운 옷 하나 짜 주시와요
날실은 하얀 아침 빛으로
씨실은 빨간 저녁 빛으로
술은 떨어지는 비로
테두리는 서 있는 무지개로 짜 주시와요
그렇게 알록달록한 옷 하나 저희에게 만들어주시면
저희들은 그걸 입고 의젓하게 새들이 우짖는 곳으로 걸어가겠나이다
풀이 파릇파릇한 곳으로 걸어가겠나이다
오! 우리들의 대지의 어머니, 오 우리들의 하늘의 아버지시여

테와 부족의 노래

* 테와(Tewa) : 미국 남서부 New Mexico 지역에 거주하는 원주민 부족의 이름. 이들이 소속되어 있는 씨족은 Nambe, San Ildelfonso, San Juan, Santa Clara, Tesuque가 있고 애리조나 동북부의 Hano가 있다. 이 두 지역은 강우량이 적은 사막지대여서, 가끔 내리는 비는 햇빛을 받아 무지개 색깔을 반사하는 모습이 마치 하늘은 베틀이고 비는 거기에 매달린 하늘거리는 알록달록한 날실과 씨실인 듯하다. 이 시에서는 비 내리는 어느 오후의 날씨가 묘사되고 있다.

# 기도 1

나의 친척이신 태양이여
모습을 드러내어
우리를 위해 뭔가 좋은 일 좀 해주시오

나에게 일을 시켜주시오
뜰에 나가 뭐라도 하리다
나 호미질도 하고, 옥수수도 심고, 물꼬 틀고

서쪽으로 내려갈 때에도 좋은 일 해주시오
누워 잘 적에 기분 좋게 시리

내가 잘 적에 당신은 떠오르시지
정해놓은 길 많이 다니시구려
우리 인간들을 위해 좋은 일 많이 해주시오
언제나 지금처럼 살게 해주시오

하바수파이 부족의 노래

# '태양의 춤'* 도중에 올리는 기도

'와칸탄카'*님께
기도를 올리면
내가 드리는 말씀 들어주시고
좋은 것은 뭐든지
하사해주신다네

테튼 수우 족의 노래

* 태양의 춤(Sun Dance) : 7-8일간 계속되는 북미대평원지역 원주민들의 연례축제. 참가자들은 이 행사 중에 온 누리를 상징하는 오두막집 한 채를 짓는다. 오두막 한가운데다가는 하늘과 땅의 거리를 상징하는 막대 하나를 세워서 '태양의 영'에게 충성을 맹세한 전사들이 그 주위를 맴돌면서 춤을 춘다. 이 축제는 '아버지 태양'과 '어머니 대지' 및 다산의 영인 '새벽별'에게 축제참여자들을 축복해달라는 기도로 끝난다.

* 와칸탄카(Wakantanka)는 라코타 수우(Lakota Sioux) 족 신화에 나오는 창조주다. 그는 "한(Han어둠)"이라는 허공에서 살다가 혼자 쓸쓸하여 큰 에너지를 발휘해가지고 동료급 신을 만들었는데, 그것이 "이난(Inyan, 바위)"이고 이난을 이용해 만든 것이 "마카(Maka, 지구)"다. 와칸탄카는 마카와 짝짓기를 하여 "스칸(Skan)"이라는 "하늘"신을 생산하고, 이어 스칸은 Inyan, Maka, Skan 자신 셋 한테서 "위(Wi)"를 끌어냈으니 그것이 곧 태양이었다. 그다음 이 네 신이 합세하여 또 다른 동료 넷을 생산한 것이 달, 바람, 유성, 뇌신조(雷神鳥). 결국 와칸탄카는 이 모든 신들의 도움을 얻어 삼라만상을 창조했다는 것이다. "와칸탄카(Wakantanka)"라는 말 자체의 뜻은 "위대한 신비"이고 영어로는 보통 "Great Spirit(대신령)"이라고 한다.

# 비를 기원하는 노래 1

우리의 어머니이신 대지에 생수가 가득 차면
우리 육신의 원천인
봄이 오면
우리는 갖가지 옥수수를 땅에서 쉬도록 놔둘 테요
그들의 어머니이신 대지에 생수 있어
옥수수들은 새 생명으로 태어나
일어서서 아버지 태양의 낯 빛을 바라보며
비를 청하고, 사방으로 손을 내뻗지요
그러고는 어디라도 레인메이커들이 말없이 서 있는 데서
녀석들은 촉촉한 숨을 내쉴 거예요
담뿍 물 머금은 구름들은
자기네 집을 멀리 두고 나와서
우리랑 같이 앉는다오
구름들은 손을 길게 뻗어 옥수수를 어루만지고
하늘에서 내려와 싱싱한 물로 옥수수를 껴안으며
보드라운 비로 땅을 감싸요
그러면 저 멀리, 레인메이커들의 길이 어디에 생겨도

급류가 치솟고
진흙덩이가 터져 나오고
산들이 씻기고
통나무들이 씻겨 내리고
저 멀리 이끼 낀 산들은 물이 철철 흐르고
땅속 진흙줄기들은 물이 흘러넘치리
그리 되기를 바라는 마음으로
나 이 기도를 드리옵나니

주니 족의 노래

* 미남서부 건조지에 사는 주니(Zuni) 족들에게 비는 곧 생명이다. 이 시에는 마술과도 같은 내용을 담아 비가 꼭 내리게 하려는 간절한 주문이 담겨 있다.

* 주니(Zuni) 족 : 남서부 뉴멕시코 원주민. 다세대식 흙벽돌집 부락(pueblo)에 거주하며 시아(Sia), 호피(Hopi) 족과 가까운 종족. 주니 족은 두 가지 특이한 점이 있다. 하나는 여태까지 본거지에서 쫓겨난 적이 없다는 사실, 또 하나는 전통언어가 다른 어떤 말과도 상관없는 고유어라는 것이다. 여자들은 옛날 한국식으로 물동이를 인다는 것 또한 아메리카 원주민으로서는 매우 특이하다. 전통적으로 주니 족은 모계사회로서 여자는 가족과 가사를 돌보고 농사, 정치, 전쟁은 남자의 몫이었다.

# 비의 수호신 카치나의 노래

꽃피는 처녀 옥수수 위로
노랑나비들
얼굴에 꽃가루 바르고 화려한 무리지어
서로서로 쫓아다니네

꽃피는 처녀 콩 위로
파랑나비들
얼굴에 꽃가루 바르고 화려한 줄지어
서로서로 쫓아다니네

꽃피는 옥수수 위로
처녀 콩 위로
야생벌들 윙윙거리네
얼굴에 꽃가루 바르고 화려한 줄지어
서로서로 쫓아다니네

꽃피는 옥수수 위에서

처녀 옥수수 위에서
야생벌들 윙윙거리네
꽃피는 콩 위에서
처녀 콩 위에서
야생벌들 윙윙거리네

자라나는 너희 옥수수 밭에
천둥구름 온종일 걸려 있어라
자라나는 너희 옥수수 밭에
온종일 소나기 쏟아지리라

호피 족의 노래

* 이 노래의 주인공은 무지개 가면을 쓰고 노래를 하며 옥수수 심는 의식을 거행하는 카치나다.

## 크로우 족 전설 - 담배의 유래

 옛날 아메리카 원주민들은 서부를 들소처럼 돌아다녔다. 그들 중 미모가 특출한 한 여인이 있었다. 그녀는 쌍둥이 아들을 낳았는데 아버지가 누구인지를 몰랐다. 그 미녀가 애절한 자장가를 불러 두 아이를 잠재우니 그 노래를 들은 사람들은 그녀를 불쌍히 여겼다.
 급기야 지구가 그녀의 첫아들을 데려가고 다음에는 별들이 둘째 아이를 데려다가 자기네 자식으로 삼았다. 그 후부터 사람들은 두 아이를 지구소년, 별 소년이라고 불렀다.

소년들이 자라서 성인이 될 즈음에 둘의 행동이 다른 아이들과는 좀 달랐다. 지구소년은 어디서든지 들소를 따라다니던 일을 그만두고 자기 집 버드나무 밑에서 고운 돌을 찾으면서 초목이 천천히 성장하는 것을 유심히 관찰하였다. 별 소년도 사냥에는 해이해지고 그 대신 집에 머물면서 들소들이 있는 데보다 먼 곳으로 배회하였다. 밤이 되면 자기 별 가족의 여행을 지켜보기 위해 잠은 낮에 갔다.

 하루는 별 소년이 돌아다니다가 높디높은 산기슭에 도달했다. 아무도 올라가본 적이 없는 산이었다. 하지만 그는 주저하지 않고 천천히 산을 오르기 시작했다. 그러다가 하늘 근처에서 기절하였다. 번쩍이는 은으로 된 사람이 별 소년 앞에 나타났다.

 그 사람은 별이었다. 그는 별 소년에게 자기가 아버지인데, 그러나 지구에서 먼 곳을 여행하는데 평생을 보냈노라고 말을 해주면서 아들이 살아있는 동안 그 산 근처를 다시 지나칠 일이 없을 거라고 했다.

 "그래서 나는 내 아들을 사랑하고 관심을 갖고 있다는 증표로 색깔이 저녁노을과 같고 큰 힘을 지닌 선물을 하나 너에게 줄 테야. 어디 가든지 잘 간직했다가 봄이 되거든 땅에 심어라. 흉터 난 토대를 잘 돌보고 다 자라면 추수하여라."

아들에게 이런 말을 하고 손으로 은빛 가슴을 푹 찔렀다가 빼니 담배가 한가득 묻어나왔다.

별 소년 아빠는 담배로 인해 온가족이 튼튼하고 자유로워질 것인데, 담배의 힘을 서로 나눠가지려면 사람들은 별 소년 가정에 입양되어야만 한다고 했다. 별 소년은 아빠의 말을 주의 깊게 들었지만 너무 놀라서 말이 안 나왔다. 고마운 마음으로 고개만 끄덕였는데, 아빠는 아들을 떠나 획 하늘로 돌아가버렸다.

별 소년은 산에서 내려와 형 지구소년을 찾아가지고 입양해서 담배를 나눠 갖자고 제안했다. 그랬더니 지구소년은 웃으면서 하는 말이, "동생아, 환영을 받으려고 산에 올라갈 필요는 없어. 너 없는 동안 나는 지구아버지를 만났는데. 나 나름대로의 비밀을 몇 가지 가르쳐주셨지. 너의 식구들은 힘센 방황자가 될지 모르지만 우린 화평한 농부의 가정이 될 거야. 우리는 담배만 빼고 뭐든지 다 기를 거야. 너는 담배뿐이고."
"나는 다른 거 다 기르고 싶지도 않아. 난 들소 따라다니면서 독수리처럼 강해지고 또 바람처럼 자유로워질 테야." 별 소년의 말이었다.

"나는 바위처럼 튼튼해질 거다." 지구소년이 미소를 지으면서 말했다. "그리고 일출처럼 한결같고. 그렇지만 우리 가족들이 아무리 달라진다 해도 절대 말다툼은 안 할 거다. 너의 아빠는 너한테 담배를 주시고 우리 아버지는 나에게 <주술곰방대>를 주셨으니, 네 담배를 내 곰방대에 담아 함께 피우면 너와 우리 아버지 두 분은 우리한테 평화와 석양빛을 주실 거야."

지구소년은 바위와 자기 집 버드나무로 만든 멋진 곰방대를 꺼냈다. 별 소년은 거기에다가 별 가슴에서 꺼낸 담배를 가득 채웠다. 형제는 함께 담배를 피웠다. 별 소년이 자리를 뜨니 몇 사람은 그의 가정에 입양되기를 바라면서 뒤쫓아 갔다. 그를 따라간 사람들은 담배의 비밀을 알기도 전에 이름을 골라 자신들을 크로우(Crow) 인이라고 하였다.

농사를 배우기 위해 지구소년을 따라간 사람들은 자

기네 고향의 버드나무를 본 따서 히닷사(Hidatsa)라 칭하였다. 그래서 그 사람들은 부족이 달라졌다. 그러나 담배와 곰방대의 힘 때문에 서로 적이 되지 않았다.

* 크로우(Crow) : 이 부족의 원명은 압사알로케(Apsaaloke), "부리가 큰 새의 애들"이었다. Crow는 지금 통용되고 있는 이름이다. 옛 본거지는 대평원의 북쪽 Montana와 Wyoming지역, 말 타고 달리던 넓은 땅이다. 현재 거주지는 와이오밍, 체제는 여타 부족들과 같은 자치국(Crow Nation)이다.

* 히닷사(Hidatsa) : 이 부족은 본디 지금의 남, 북 다코타 주 원주민이다. 현재 주거주지는 북 다코타(North Dakota). (다코타(Dakota)는 North, South Dakota 2개 주로 나뉘어 있다). 지금 히닷사 사람들은 만단(Mandan), 아리카라(Arikara) 족들과 합쳐 같은 국민이지만 옛날에는 따로 사는 부족들이었다. 19세기에 면역이 없는 천연두 때문에 세 부족민들이 많이 죽었기 때문이다. 옛날, 남자들이 사냥을 나가면 티피(tipi)를 세워 야영을 했는데, 지금은 전통문화를 상징하는 유물일 따름이다.

# 전쟁신의 말(馬) 노래


나는 '청록여인'의 아들
'띠 두른 산' 꼭대기에 서 있는 말
족제비처럼 날씬하지요!
내 말 발굽은 줄무늬 마노(瑪瑙) 같고
굽 뒤 털은 멋진 독수리의 깃털 같아요
다리는 번개처럼 날렵하고
몸은 독수리 깃털 꽂은 화살
꼬리는 선주자를 뒤쫓는 까만색 구름
나는 녀석 등에다 유연한 짐만 실어요
놈의 머리카락 '소성풍'에 휘날리고


내 말의 갈기는 짧은 무지개로
두 귀는 둥그런 옥수수로
두 눈은 큰 별로
머리는 혼수로
(성스런 물을 마시니 갈증을 몰라)
이빨은 하얀 조가비로

만들어졌다오
입안의 기다란 무지개는 재갈이구요
그걸로 나는 녀석을 이끈답니다
내 말이 어-흐-홍 소리 지르면 색다른 말들이 따라옵니다
내 말이 어-흐-홍 소리 지르면 색다른 양들이 따라옵니다
난 녀석 때문에 부자예요

    내 앞도 평화
    내 뒤도 평화
    아래도 평화
    위로도 평화
    두루두루 평화
    녀석이 어-흐르르 거리는 소리도 평화롭구요
    나는 말이 있어
    영원하고 평화로워요

나바호 족의 시

---

\* 나바호(Navajo) 족은 미남서부 건조지역에 거주하는 원주민 이름이다. 주업은 가축지기지만 직공기술과 은세공에 능하다. 원을 그리는 것 같은 나바호 시의 주제는 끝없는 하늘이며 시 속의 멜로디는 부드럽고 따스한 흙냄새에 실려가는 듯한 느낌을 자아낸다.

우리는 …

우리 각자는
인류의 장래를 몸소 결정하라고
이 시간, 이 장소에
있게 된 것

그대는 그만 못한
무슨 이유로 이 자리에
존재하게 되었다고 생각하는가?

다코다 추장의 말

---

\* 현 다코타 추장 '아르볼 처다보는 말(Arvol Looking Horse)'의 직언이다. '처다보는 말'은 '신성한 흰 아기들소 파이프'를 19대째 물려받아 간직하고 있는 다코타 후예이다.

## 하늘이 말씀을 하고 계세요

나 여기, 나 여기 서 있는데
하늘이 말씀을 하고 있어요
내가 말하기를

"당신은 다스리시는 힘
나는 몰라요. 시키는 대로 할 뿐
당신은 다스리시는 힘, 지금 말씀을 하고 계세요
오 하늘이시여, 이 힘은 당신의 것입니다."

포오니 족의 노래

---

* 포오니(Pawnee) 족 : 본거지는 대평원 중부 Nebraska, Kansas 지역. 이들도 미국시민이면서 자치정부를 가지고 있다. 전통적으로 모계 농경사회를 이루고 일 년에 두 번 정도 들소사냥을 했다. 사냥할 동안에 거처하는 '티피(tepee)'라는 오두막이고 상주하는 곳은 움막 비슷한 로지(lodge). 19세기 초 인구는 1만여 명으로 추정되나 백인과의 전쟁과 천연두, 콜레라 등의 질병으로 급감, 2008년 현재 3천여 명이 오클라호마(Oklahoma) 포오니(Pawnee) 카운티에 거주하고 있다. 영화 '늑대와의 춤을'에서는 포오니 족을 나쁘게 묘사했지만, 그들은 자신들의 땅을 빼앗으려는 백인들과 정면으로 맞섰다. 이들은 스스로를 '챠틱스시챠틱스(Chaticks-si-Chaticks)'라고 부르는데, '인간 중 인간'이란 뜻이다.

## 우리 마음은 하늘에

우리 마음을 놓아둔 곳은
저 드넓은 하늘

포오니 족의 노래

## 해돋이 기도

자, 오늘
우리의 아버지이신 해님이여
저희가 생명수를 떠오는
신성한 그 자리에 당신이 나와 서계시니
여기서 제가 당신께
기도의 음식을 바치나이다
당신의 장수를
당신의 고령을
당신의 생명수를
당신의 씨앗들을
당신의 부를
당신의 힘을
당신의 강한 정신을
이 모든 것을 저에게 내려주소서

주니 족의 노래

## '검은 사슴'의 기도


오, 대신령 할아버지시여
흐르는 눈물 머금고 아뢸 수밖에 없나니
나무에 꽃을 피우지 못하였나이다
저 여기 서 있사온대 나무가 시들어버렸나이다

당신께서 주신 그 통찰력을 회상하온대
성목 뿌리가 아직 조금은 남아있을지도 모르오니
잘 기르시어
싹이 나고
꽃 피게 하소서
그런 다음 새들이 가득 날아들게 하소서!

제 말씀 들어주시어
저희들이
좋은 길과
방패막이 나무를 되찾게 해주소서

\* 오글랄라 수우 족의 현자 '검은 사슴(Black Elk)'이 대신령에게 올리는 기도이다. '검은 사슴'은 "우주 한 가운데에 대신령 와칸탄카(Wakan-Tanka)가 계시고, 또 우리 각자 안에 계신다."라고 역설했다.

# '흰 영양'의 사곡(死曲)

아무것도 오래 못 살아요
아무것도 오래 못 살아요
아무것도 오래 못 살아요
땅과 산 말고는

샤이엔 족 '흰 영양'의 노래

# 두 유령의 노래

이보게, 친구
   우리가 지금 달빛 밟고 걸으며
   여행 중인
   여기는 넓은 세상이야
모든 것이 아름다움 속에
내 앞의 세상이 아름다움에 안겨 제 자리로 돌아오네
내 뒤의 세상이 아름다움에 안겨 제 자리로 돌아오네
내 밑의 세상이 아름다움에 안겨 제 자리로 돌아오네
내 위의 세상이 아름다움에 안겨 제 자리로 돌아오네
내 목소리가 아름다움에 안겨 돌아오네
   아름다움에 안겨 돌아오네
   아름다움에 안겨 돌아오네
   아름다움에 안겨 돌아오네
   아름다움에 안겨 돌아오네

## 독수리와 달의 신


저 하늘 아래, 저기서 독수리가 살지
우리보다 훨씬 드높은 곳에
그 모습 훌륭하여라
자기 세상 발톱에 거머쥐고
입은 옷은 회색, 촉촉하고 활기찬 구름으로 만든 그 옷
아름답도다
독수리는 저기서 테테완의 말을 기다리네
아래 세상 내려다보는 밝은 눈
서쪽으로 향해 있어
밝은 눈으로 생명수를 내려다보네
그 표정 재난을 발하고
그의 시선 당당하고나, 태양이로다!
두 발은 붉은 색

저 멀리, 우리보다 높은 곳에 독수리가 살지
거기서 이 땅에 사는 사람들을 기억하고
날개를 훌쩍 펼쳐 대지를 가리니

그 나래 밑 신들이 비를 내려주네
이슬을 내려주네
이 땅에 생명의 이슬 떨어지고
그의 목소리 저 위로 올라가네
그 소리 듣는 자는 우리들
그 목소리 아름답도다
지하의 테테완도 들으신다
거기서 대모님 그 소리 듣고 대답하는 말이
우리 여기서 테테완의 말씀 듣노라
여기서 그들의 말은 독수리의 말과 만나
서로 뒤섞이도다

독수리의 말 저 멀리 생명수 위로 사라지고
대모님 말씀도 바람에 날려가
하늘 지붕 밑 저 먼 데서 사멸되고
그들 말씀이 멀리멀리 사라지도다

       코라 족의 출산기원의식의 노래

# 해돋이 노래

나 여기 있으니
    나를 쳐다보아라
    내가 태양이니
    나를 쳐다보아라

테튼 수우 족 '빨간 새(진트카 랄룰라, Zintka la-lu-la)'의 노래

# 비 노래

떠도는 흰 구름아
평야 같은 구름들아
이리 내려와 땅을 축여다오
태양아, 땅을 껴안아줘라
과일이 풍성해지도록
북쪽의 사자인 달아
서쪽의 곰아
남쪽의 오소리야
동쪽의 이리야
하늘의 독수리야, 뭍의 뾰족뒤지야
원로 전쟁영웅이시여
지구 여섯 산의 투사들이여
구름사람들을 중재하여
땅을 적시게 해주오
약 그릇과 구름 사발과 물 항아리야
우리에게 너희들의 가슴을 다오
땅이 젖도록

태고적 곡식의 길을 만들겠소
내 노래가 곧장 그 위로, 그 옛길로 가게시리
해지는 곳에 사는
흰 조가비 염주 알 여인아
어머니 회오리바람이여, 수스시스투마코 어머니시여
좋은 배려의 창조자, 야야(Ya-ya) 어머니시여,
북녘의 노란 여인, 서편의 푸른 여인이여
남쪽의 빨간 여인, 동쪽의 하얀 여인이여
조금 노란 천정의 여인이여
천저의 검은 여인이여
청하노니, 구름사람들을 중재해주오

시아(Sia) 족의 노래

# 비를 기원하는 노래 2

하-이야, 나이호-오!
우리가 치는 바구니 북소리에
우르르 땅이 울리네
어디서나 윙윙거리는 우리 바구니 북소리에
우르르 땅이 울리네

하-이야, 나이호-오!
독수리 날개에서 깃털을 뽑아
뭉게구름 있는 동쪽이 보이게 하라
하-이야, 나이호-오! 독수리 가슴에서
부드러운 배내털을 떼어
작은 구름들이 흘러가는 서쪽이 보이게 하라
하-이야, 나이호-오!
비의 신들 거처 밑에서
천둥이 친다

큼직한 옥수수가 그곳에 있네
히-이야, 나이호-오!
비의 신들 거처 밑에서
비가 내리네
작은 옥수수가 그곳에 있네

피마 족의 노래

* 북 두드리는 소리에 구름들이 빨리 한데 모이고 천둥이 친다. 독수리 털은 구름을 상징하며 그것을 제물로 바치면 구름이 기원하는 방향으로 흘러간다.

# 저 멀리 보이는 산

저 너머 우리 집, 저 너머 우리 집
저 너머 우리 집, 지금 생각납니다
저 먼 산 바라다보면
아, 그러면 눈물이 나요
슬퍼라! 어쩌면 좋아
어쩌면 좋아? 슬퍼라!
난 어쩌면 좋아?
저 너머 우리 집, 지금 생각납니다

테와 족의 노래

* 테와 족들은 고향마을을 벗어나 몇 리만 되어도 향수병에 걸린다고 한다.

# 헤요카 의식의 노래

나 이것을 제물로 태우노니
보소서!
나 신성한 찬미를 짓고 있나이다
나 신성한 찬미를 짓고 있나이다
우리나라를 어여삐 보아주소서
해 맑은 날은 나의 힘이 되었고
달 가는 길은 나의 예복이 될 것이라
나 신성한 찬미를 짓고 있나이다
나 신성한 찬미를 짓고 있나이다

다코타 족의 노래

* 헤요카(Heyoka)는 '광대'라는 뜻이다. 그러나 여기서 말하는 다코타 광대는 우리나라로 치면 시장바닥에서 그저 사람을 웃기기만 하는 보통 광대가 아니라, 꿈속에서 '서쪽의 벼락님들'을 보고 나서 신통력을 얻은 신성한 광대다. 헤요카는 자기 문화권에서 주술사와 비슷한 역할을 한다. 무대에 오르면 반은 유머를 섞어 우습게, 또 반은 진지하게 부족이 내내 번성하고, 건강하고, 비가 많이 내려서 풍작이 지속되기를 기원하는 의식을 거행한다. 매사에 균형을 유지하라는 것이 그의 근본적인 메시지다. 헤요카들은 부족이 달라도 침묵으로 서로가 누군지를, 또 소속부족에서 상대의 위치와 임무가 뭔지를 알 수 있다고 한다.

# 카치나의 노래


'꽃산' 서쪽에
비(雨)스님 한 분이
머리에 뭉게구름을 깃털 두르듯 하고
앉아 계시네
그가 하는 말은 이타와나의 하늘을
흐리게 만드는 일에 관한 것
"이제 일어나세"
인근 해안을 서성거리며 레인메이커들이 서로 이렇게
얘기를 하고 있네
아하 에헤
아하 에헤


'염호수산' 남쪽에
비(雨)스님 한 분이
머리에 안개를 깃털 두르듯 하고
앉아 계시네
그가 하는 말은 이타와나의 하늘을

비로 뒤덮는 일에 관한 것
"가보세"
모든 샘물 안에서
레인메이커들이 서로 이렇게 얘기를 하고 있다네
아하 에헤
아하 에헤
"아름다운 세상이 밝아하네
태양이, 황색 여명이 밝아하네"
옥수수 줄기들이 서로 이렇게 얘기를 하고 있다네
그러면서 어린 옥수수를 키운다네
아하 에헤
아하 에헤

주니 족의 노래

---

* 카치나(Katcina) : 죽음 및 구름과 비와 관련된 초자연적 존재. 사는 곳은 호수. 가끔 사람이 살고 있는 마을에 찾아온다고 함.
* 이타와나(Itawana) : 죽음의 영역. 이 시의 주제는 주니 족들이 카치나로 가장하고 춤을 추며 올리는 기우제. 여기에 복수형으로 언급되는 레인메이커(rain makers)는 저승의 조상님들이다.

# 도깨비 춤 노래

회오리바람이신 우리 아버지는
회오리바람이신 우리 아버지는
이제 까마귀 털 두의를 입으셨네
이제 까마귀 털 두의를 입으셨네

내 아이들아, 내 아이들아
바람이 부니 두의가 노래를 하는구나
바람이 부니 두의가 노래를 하는구나
내 아이들아, 내 아이들아

아버지 저를 불쌍히 여기소서
아버지 저를 불쌍히 여기소서
저는 목이 말라 웁니다
저는 목이 말라 웁니다
모든 게 다 사라져서 먹을 것이 하나도 없습니다
모든 게 다 사라져서 먹을 것이 하나도 없습니다

샛별이신 아버지시여!
샛별이신 아버지시여!
저희들을 내려다보소서, 대낮까지 춤을 추었나이다
저희들을 내려다보소서, 대낮까지 춤을 추었나이다
저희를 불쌍히 여기소서, 히-이-이!
저희를 불쌍히 여기소서, 히-이-이!

아라파호 족의 노래

\* 아라파호(Arapaho) 족 : 대평원 원주민문화권의 한 부족. 로키산맥을 기준으로 동쪽이 본거지. 언어는 블랙풋(Blackfoot), 샤이엔(Cheyenne), 크리(Cree) 족과 아울러 알곤킨(Algonquin) 계. 남으로 코만체(Comanche), 북으로는 샤이엔(Cheyenne)이 이웃이다.

# 2부

## 온 세상이 나를 위해 운다

"태어날 때 너는 울고 세상은 기뻐했다
네가 죽으면 세상 사람들은 울고
너는 기뻐할 수 있게 인생을 살아라."

체로키 족 격언

"세상이 바뀔 뿐, 죽음이란 없다."
"침묵은 심-신-정신의 절대 균형이다.
 자신을 지키는 자 언제나 침착하고
 폭풍에도 흔들리지 아니 한다.
 그래서 얻는 것은 무언가?
 자제, 참 용기, 극기, 인내, 존엄, 위덕이다.
 침묵은 인격의 초석이다."

"사람이 가진 것은 힘이 아니라 책임이다."

투스카로라(Tuscarora) 격언

대화는 결코 즉시, 또는 서둘러 하는 게 아니다. 그 누구도 급하게 질문을 하지 않는다. 아무리 중요한 질문일지라도. 또한 그 누구도 답변을 강요당하지 않는다. 생각할 여유를 두는 것이 대화를 시작하고 진행하는 예의이다. 라코타(Lakota) 사람들에게 침묵은 뜻있는 것이다. 말하는 사람에게 묵묵히 시간여유를 주고 또 자기 말을 하기에 앞서 역시 여유를 가지는 것이야말로 참 예의를 실천하는 것이다. "말보다 생각이 먼저"라는 원칙을 존중하는 것이다.

오글라라 수우 추장 '서있는 곰'의 말

# 아기 탄생의 노래
## (사당문(祠堂門)이 열림을 기리는 노래)

아기가 곧 빛을 보게 되어요
부드러운 손으로 만져주세요

아기가 곧 빛을 보게 되어요
이리저리 뒤치락거릴 거예요

아기가 곧 빛을 보게 되어요
탯줄을 풀어주세요

아기가 곧 빛을 보게 되어요
입을 크게 벌려주세요

아기가 곧 빛을 보게 되어요
어서 엄마 몸을 빠져나와 태어나게 해주세요

아기가 곧 빛을 보게 되어요
부드러운 손으로 만져주세요

오사지(Osage) 족의 노래
'쾌활한 송아지(쩨진가와다인가, Tse-zhin'-ga-wa-da-in-ga)' 부름

# 갓난아기의 탄생을 우주에 알림


호! 저 하늘 위를 오가시는 해님, 달님, 별님들이시여
청컨대 내 말 좀 들어주소서
당신들이 계신 한가운데 새 생명이 하나 태어났습니다
간청하오니 허락하여 주소서
녀석의 앞길을 평탄케 하여 주소서
첫 산언덕에 무사히 가닿도록


호! 공중을 오가시는 바람, 구름, 비, 안개님들이시여
     청컨대 내 말 좀 들어주소서
당신들이 계신 한가운데 새 생명이 하나 태어났습니다
     간청하오니 허락하여 주소서
녀석의 앞길을 평탄케 하여 주소서
둘째 산언덕에 무사히 가닿도록


호! 땅에 거하시는 언덕, 골짜기, 강, 호수, 나무, 풀님들이시여
    청컨대 내 말 좀 들어주소서
당신들이 계신 한가운데 새 생명이 하나 태어났습니다

　　　　간청하오니 허락하여 주소서
녀석의 앞길을 평탄케 하여 주소서
셋째 산언덕에 무사히 가닿도록

호! 공중을 나는 크고 작은 새님들
호! 숲 속에 사는 크고 작은 동물님들
호! 풀 사이를 기어 다니며 땅에 굴을 파는 곤충님들이시여
　　　　청컨대 내 말 좀 들어주소서
당신들이 계신 한가운데 새 생명이 하나 태어났습니다
　　　　간청하오니 허락하여 주소서
녀석의 앞길을 평탄케 하여 주소서
넷째 산언덕에 무사히 가닿도록

호! 하늘에, 공중에, 땅에 계신 여러 분네들이시여
　　　　청컨대 내 말 좀 들어주소서
당신들이 계신 한가운데 새 생명이 하나 태어났습니다
　　　　간청하오니 허락하여 주소서
녀석의 앞길을 평탄케 하여 주소서
그러면 산 넷을 무사히 넘어갈 수 있사와요

　　　　　　　　　　　　　　　오마하 족의 노래

## 자장가

자거라
자거라
누가 와서 우리 아기
잡아가면 어쩌게
그러니 우리 아기
콜콜 자야지

테와 족의 노래

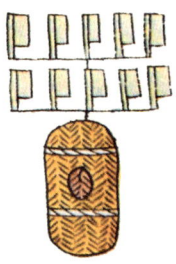

# 낮 노래

자장자장, 우리 아기
날이 밝았네
자장자장, 우리 아기
'낮 총각'이 찾아오네
이제 날이 밝았네
자장자장, 우리 아기
'낮 처녀'가 찾아오네

**나바호 족의 노래**

# 아파체 기도

수많은 산들의 지도자이신 산신령님
당신의 몸은 거룩하시니
이 사람 건강을 되찾게 해주소서
당신처럼 다시 강건케 해주소서

이 사람 자기 몸 온전히 되찾아 일어서기를 바라기에
이 예식을 거행하오니
당신께 고하는 그의 소원 들어주소서

오래전 누군가의 다리와 눈을 회복시켜 주셨다 하니
이 사람이 그렇게 질병을 벗어나게 하소서
그래서 저 이렇게 간청하나이다

* 아파체 (Apache) 족 : 나바호(Navajo) 족과 동족이며 인구는 약 1만여 명. 애리조나, 뉴멕시코, 오클라호마(서남지역) 3개 주에 흩어져 살고 있다. 전통적 생활방식은 수렵(狩獵). 말을 잘 타며 18-19세기 동안에는 날렵한 전술로 백인의 영토침입을 맹렬히 저항하여 "아파체"라면 공포의 대상이었다. 그래서 유명해진 추장이 '제로니모(Geronimo)'다(그의 용맹을 보고 멕시코 인들이 지어주었다고 함). 본명은 '고야슬라이(Goyathlay, 1829년생)'로 '하품하는 사람'이라는 뜻이다. 그는 이런 말을 남겼다.

"나는 거침없이 바람 불고 햇빛을 가로막는 것이 하나도 없는 초원에서, 울타리가 전혀 없는 곳에서 태어났다. 다른 아메리카 원주민 아기들처럼 나도 해가 떠서 따뜻하게 해주고, 바람 불면 흔들리고, 나무 옆에서 비바람을 피했다. 어릴 때 어머니는 무릎 꿇고 '우센(신)'에게 기도를 시키셨다. 힘, 건강, 지혜, 보호를 구하라고. 나는 우리가 (아메리카 원주민) 필요 없는 존재라고 생각할 수 없다. 그렇다면 하느님이 우리를 창조하지 않았을 것이다. 우리는 다 같은 신의 자손들이다. 태양과 어둠과 바람, 이 모든 것이 우리가 하는 말을 다 듣고 있다. (미연방) 군인들은 우리들이 억울한 일을 당하면 정부에 아무런 보고도 하지 않으면서 우리가 잘못한 일은 꼬박꼬박 보고한다."

# 기도 2

나 좀 보소!
나 좀 보소, 튀위숫
나 좀 보소, 파사숫
나 좀 보소, 유하하잇
나 좀 보소, 에세팟
나 좀 보소, 핏추룻
나 좀 보소, 쭉싯
나 좀 보소, 우캇

당신네들 다 날 도와주시오
내 말(言)은 태산과
큰 바위와
큰 나무와
하나로 묶여 있고
내 몸, 내 마음과 하나이니
당신네들 다 초자연의 힘으로
날 도와주시오

낮인 당신, 밤인 당신도!
당신들 모두 내가
이 세상과 하나인 것을 알지요

요쿠츠 족의 노래

* 첫째 연의 외국어는 동서남북 천상천하의 여러 신을 일컫는 호칭이다.

# 기도 3

돌아가신 친척님들 넋이여
이 진수성찬을 당신들께 드리오니 다 저 있는 데로 오소서
당신들 머리카락에 싸두었던 이 담배를 드리오니
우리에게 가까이 오셔서 말씀 들어주소서

제 친구들이 둘러앉았고 당신들 만찬에 오시라했으니
죽은 우리 친구들 혼을 불어 저희들의 청을 들어주시는 데
일조를 하게 하소서

들소가 우리한테 가까이 오게 해주시고, 구름과 바람이 잔잔하여 들소에게 접근하기 쉽게 해주소서. 그래야 늘 캠프에 우리도 먹고 당신들께 드릴 고기가 있을 것입니다. 어떻게든 도와주소서. 우리 자식들이 살고 저희들도 살게 하여주소서. 모든 영들을 불러 저희를 돕게 해주소서

사냥터로 나갈 때, 싸움터로 나갈 때 우리와 함께 하소서. 저희가 당신들의 적을 복수할 능력을 주소서. 놈들이 당신들을

살해하여 우리 기백을 떨어트렸습니다. 놈들의 기백을 떨어트리소서. 우리는 얼굴을 까맣게 칠하겠습니다. 저희를 보호해주시고 편히 쉬소서. 늘 소리 높여 당신들을 부르고 기억하겠나이다

 이 성찬 드림으로 당신들을 기억할 것이니 좀 드사이다. 이건 할아버님 드시고, 이건 할머님 드세요. 숙부님과 형님도 드세요. 여기 와 계신 친척님들 모두 음식 드시고 편히 쉬소서. 질병이 우리를 괴롭히지 못하게 하소서. 우리는 당신들을 위해 음식을 먹고 곡을 하고 살을 베옵니다

아씨니보이네 족의 노래

* 아씨니보이네 부족은 전형적인 대평원지역 원주민이었다. 타 부족을 약탈하거나 들소를 사냥하거나 또는 남의 말을 훔치러 나갈 때는 반드시 전날 꿈속에서 좋은 계시를 받아야만 행동을 개시했고, 성공해서 돌아오는 사람(남자)은 사회적 위상이 높아졌다.

## '제로니모'의 노래

오 할 레
오 할 레
오비즈하예
시치 하다히야고 니니야

오 할 레
오 할 레
차고 데기 날레야
아 - 유 휘 예!

오 할 레
오 할 레
오 할 레
오 할 레
나 공중으로
바람 타고
머나 먼 저 하늘 향해 날아 오른다

오 할 레
오 할 레
거기 가서 성소 찾으려고
아, 이제 내 세상도 바뀌었어
오 할 레
오 할 레!

아파체 추장 '제로니모'의 노래

\* 제로니모(Geronimo, 1829?-1909) : 본명 고애슬레이(Goyathlay). 아파체 족의 추장이다. 이 노래는 예부터 대대손손 전해 내려온 것인데, 제로니모 추장은 어렸을 때 배워가지고 그 후부터는 "큰 힘을 주는 내 노래가 되었다"고 한다. 이 노래를 부르면 그 소리가 최고의 존재인 〈유순〉님께 가 닿아서 놀라운 일을 수행할 수 있는 힘을 얻는다고 했다. 노래를 부를 적에 본인 자신도 공중을 나는 영으로 변한다는 것이 그가 남긴 말이다. 평생 자기 땅과 부족민의 자유를 사수하는데 힘을 쏟은 아파체 투사 제로니모는 바뀐 세상을 뼈저리게 체험하고 가슴에 맺힌 한을 이렇게 '성스런 나의 노래'로 승화시킨 것이다.

## 신통력을 받은 자의 노래

이보게, 친구들
내 정신이 승화되었네
이보게, 친구들
나는 구름들이 모인 곳에서
신성한 힘을 받았네
이보게, 친구들
나는 신통력을 받아
정신이 승화되었어

테튼 수우 족의 노래

## 치유의 노래

당신은 마음씨 고운 사람
'빛나는 암흑영'이 여기 오실 테니
슬프고 싫은 일들만 생각하오
좋은 일 생각해야 하는데
여기 누워 잠드시오

암흑영이 우리와 함께 계실 테니
이 좋은 일 꿈속에서 생각하오
당신에게 좋은 일 생길 거요
내가 청을 하면 그리 될 거요
바로 여기서

내가 당신 잘 되라고 청을 하겠소
나 당신 곁에 앉아 있을 때 그리 될 거요
나 이 자리에 앉아 있을 적에 그리 될 거요

유마 족의 노래

# 베 짜는 사람의 애도

당신네들
나 이렇게 혼자 남아 애타게 그리워하라고 떠나버렸나

같이 있을 적엔 아쉬운 것 하나도 없었건만
나를 두고 떠났으니 슬픔에 잠겨 헤맨다네
아, 괴로워라
나 슬픔에 잠겨 헤매라고 떠나버렸지. 아, 괴로워라
나 슬픔에 잠겨 헤매라고 떠나버렸지. 아, 괴로워라
    괴로워라, 괴로워
당신네들
나 이렇게 혼자 남아 애타게 그리워하라고 떠나버렸지
같이 있을 적엔 슬픔을 몰랐건만
당신들 떠났으니 나 홀로 슬피 헤맬 거야
   아, 괴로워라. 괴로워라. 괴로워
당신들 떠났으니 나 홀로 슬피 헤맬 거야
당신네들, 나 이렇게 혼자 애타게 그리워하라고 떠나버렸지
같이 있을 적엔 슬픔을 몰랐건만

당신들 떠났으니 나 홀로 슬피 헤맬 거야
　　아, 괴로워라. 괴로워라. 괴로워

당신들 같이 있을 적엔 아쉬운 것 하나도 없었건만
나 홀로 슬피 헤매라고 당신들은 떠나버렸지
　　아, 괴로워라. 괴로워라. 괴로워

오사지 족의 노래

\* 사당에서 의식을 치를 때 읊는 노래다.

### 아메리카 원주민 신화 - 샛별

무더운 한여름 밤이었다. 공기소통이 안 되는 티피 (tepee, tipi : 미국 대평원에 사는 원주민들이 쓰던 거주용 천막) 대신 시원하고 달콤한 풀냄새 나는 밖으로 나가 탁 트인 하늘아래에서 잠자는 사람들이 많았다. '깃털여인'이라고 하는 젊은 여인만 일찍 잠이 깼다. 아직 동이 트지도 않은 시각인데 샛별은 벌써 먼 지평선 위로 떠오르기 시작하였다. 소녀는 팔꿈치를 베고 샛별이 꾸준히 기어올라 캄캄한 하늘 속으로 들어가는 걸 지켜보았다. 그토록 아름다운 광경은 본 적이 없는 것 같았다.

"샛별 정말 사랑스럽네. 저렇게 맑고 밝을 수가! 저 별의 반만큼이라도 잘생긴 남편을 만날 수 있다면 얼마나 좋을까!"

소녀는 혼자 속삭였다. 소녀는 정다운 눈으로 샛별이 희미해지면서 내일을 알리는 엷은 빛깔로 변하는 과정을 줄곧 응시했다.

그 여름 캠프는 분주했다. 들소도 많았거니와, 조리하고 건조시킬 고기랑 무두질해서 따뜻한 겨울옷 만들 가죽이 늘 있었다. 공상에 빠질 시간이 거의 없어서 깃털여인은 샛별생각을 더 이상 하지 않았다.

그녀가 샛별 생각을 하지 않은 것은 어느 가을날까지였다. 그날 깃털여인은 땔나무를 주우려고 캠프를 떠났다. 그 일에 열중하느라 캠프에서 멀어졌다. 그런데 갑자기 그녀는 거기서 자기혼자가 아님을 깨닫게 되었다. 어떤 낯선 남자가 그녀 앞에 서 있었기 때문이다. 키가 훤칠하고 잘생긴 그는 고슴도치 털로 수놓은 부드럽고 하얀 양가죽으로 된 긴 옷을 말쑥하게 차려입고 있었다. 머리에는 독수리깃털을 꽂고 한 손에는 거미줄로 장식한 노간주나무 덤불을 들고 있었다.

 깃털여인은 깜짝 놀라 도망치려 했다. 그러나 그 청년은 그녀의 팔을 붙잡고 점잖게 말했다.

 "기다려요, 깃털여인. 나를 못 알아보겠소? 나는 샛별이요. 지난여름 어느 날 그대가 티피 옆 풀밭에 누워있는 걸 내려다보고 그때 나는 그대에게 홀딱 반했소. 그대 또한 날 사랑한다고 하는 말을 들었소. 마을로 돌아가지 마오. 고향 분들은 잊고 지금 나와 함께 저 하늘, 별나라 사람들의 나라로 갑시다."

 깃털여인은 수줍은 눈으로 그를 쳐다보았다. 그러면서 그 여름날밤 샛별이 밝고 빛나는 모습으로 승천하는 걸 보고 그를 사랑했듯이 지금 자기가 그를 사랑하고 있다는 걸 알았다. 비록 작별인사도 못하고 부모와 친구들을 두고 떠난다는 것이 몹시 슬펐지만 그녀는 그 사람 말대로 같이 떠나기로 했다.

 샛별은 노간주나무 덤불을 그녀 앞에 내려놓고는 거미줄 제일 밑 가닥에 발을 올려놓고 눈을 꼭 감으라고 했다. 깃털여인은 자기 몸이 빠르게 상승한다는 걸 느끼고 눈을 떠보니 어느새 별나라에 도달했음을 알았다. 곁에는 샛별이 있었다.

별나라는 저 아래 지구와 매우 비슷했다. 사방으로 초원이 먼 산언덕까지 펼쳐 있는데, 여기저기에는 티피들이 둥근 원을 그리고 있었고, 거기서 모닥불연기가 맑은 공중으로 떠올랐다.

샛별은 가까이 서 있는 티피를 가리키며 "저게 스파이더맨의 거처요"라고 말했다. "별나라 사람들이 하늘과 땅 사이를 오르내리는 사다리를 만드는 사람이 스파이더맨이오. 여기를 조심조심 밟아요. 그의 거미줄이 망가질지도 모르니까." 그리고는 깃털여인을 자신의 부모인 해님과 달님의 집으로 인도했다. 크고 멋진 티피였다.

아직은 낮이라 해님은 여행 중이었으나 달님은 집에서 아들의 신부될 사람을 친절히 영접하였다. 다과도 내놓았다. 깃털여인이 그것을 먹는 동안에, 달님은 아들인 샛별을 다른 곳으로 불러냈다.

"난 아버지가 네 결혼을 반대하실까 두렵다. 성격이 엄하신 분이라 깃털여인이 잘못하면 거침없이 내쫓을 분이니 아버지의 화를 사지 않도록 유념해라." 하고 샛별의 어머니가 걱정스러워 얼굴을 찡그리며 말했다.

 저녁때가 되자 해님이 돌아왔다. 아니나 다를까, 그는 아들의 신부를 보더니 기분 좋은 표정이 아니었다. 그는 지구인들은 연약하고 멍청하다고 생각하기 때문에 언짢았지만, 깃털여인을 정중히 맞아주었다.
"얘야, 우리 풍습을 잘 배우도록 해라." 하고 해님은 퉁명스럽게 말하였다. "우리 예법을 준수하면 여기서 행복하게 살 수 있어."

 깃털여인은 해님 때문에 초조했다. 하지만 상냥하고 친절한 달님은 갈수록 좋아졌다. 달님은 며느리가 될 깃털여인에게 별나라 풍습을 다 가르쳐주었다.

 사슴가죽이 부드럽고 눈처럼 하얗게 되도록 무두질하는 법, 허브와 꽃의 즙을 짜서 알록달록한 물감 만드는 법도 가르쳐주었다. 불에 달궈서 뾰족하고 단단해진 재나무 막대기도 하나 주면서 그걸로 야생감자, 순무, 백합뿌리, 살갈퀴, 금달맞이꽃 등 먹는 식물의 종류와 땅속의 뿌리 캐는 방법을 보여줬다. 샛별과 깃털여인은 별나라에서 함께 오랫동안 행복하게 살았다. 아들인 별 소년이 태어나자 그들은 더할 나위 없이 행복했다.

하루는 달님과 깃털여인이 밖에 나가서 뿌리와 열매를 따 모으고 있는데 아주 커다란 순무 하나가 땅에 반쯤 묻혀있는 게 깃털여인의 눈에 띄었다. 그 순무가 어찌나 큰지 푸른 잎사귀 끝이 깃털여인의 허리까지 올라왔다. 깃털여인의 시선을 보고 달님이 말했다.

"조심해라! 저것은 절대로 만져서는 안 되는 뿌리다. 별나라 사람들에게 신성한 것이기 때문이야. 누구든지 저것을 뽑으려하면 크나큰 슬픔과 불행을 겪게 돼. 너는 저 순무를 제자리에 있는 그대로 놔둬야만 한다."

그 뒤로 깃털여인은 그 거대한 순무 옆을 자주 지나다녔다. 하지만 많이 궁금하여도 달님의 경고를 기억하고 그냥 내버려두었다. 어느 날 달님이 병이 나 얼굴이 창백해져서 자리에 드러눕고 말았다. 그래서 깃털여인은 혼자 막대기를 들고 뿌리와 열매를 따러갔다. 그런데 어쩌다 보니 또다시 그 커다란 순무 옆을 지나가게 되었다. 순무를 응시하면서 그녀는 저 밑에

뭐가 있을까? 하고 호기심 어린 생각을 해보았다.

"무슨 비밀을 간직하고 있담?" 깃털여인은 너무나 궁금했다. "혹시 무슨 보물인가? 잠시 저 밑을 살짝 들여다본다고 해로울 게 뭐야? 아주 조심히 제자리에 돌려놓으면 내가 건드렸다는 걸 아무도 모르겠지."

깃털여인은 호기심을 못 이기고 막대기를 땅에 꽂아서 뿌리 있는 데까지 닿도록 힘껏 밀었다. 그리고 땅 위로 높이 나온 잎사귀 끝을 두 손으로 안간힘을 다해 잡아당겼다. 그렇지만 순무는 요지부동이었다. 깃털여인이 숨을 가다듬으려고 동작을 멈췄으나 순무는 끄떡도 하지 않고 여전히 땅속에 꽉 박혀있었다.

깃털여인이 순무뿌리 뽑기를 단념하려는데 때마침 커다란 학 두 마리가 하늘에서 내려와 그녀 옆에 앉았다. 그 중에 한 마리가 하는 말이, "그런 보잘것없는 막대기로는 커다란 순무뿌리를 뽑아낼 수 없어요! 우리가 도울 게요. 우리의 드센 부리로 쪼면 금방 나올 거예요."

학이 별나라 사람들의 철천지원수인 줄은 꿈에도 모르고 깃털여인은 그들의 제의를 고맙게 받아들였다.

학들이 즐겨 하는 일 가운데 하나는 스파이더맨이 짜 놓은 사다리를 찢어서 별나라 사람들이 지구로 떨어져 죽게 하는 거였다.(인디언들은 땅에 보이는 말불버섯이 그렇게 하늘에서 떨어진 별들의 잔해라고 믿었다.) 학들은 길고 날카로운 주둥이로 비집고 쑤시기 시작했다. 순무는 드디어 삐꺼덕삐꺼덕 신음소리를 내며 뿌리가 느슨해지더니 꽝 소리와 함께 옆으로 굴렀다.

"야, 됐다! 이제 저 밑에 뭐가 있는지 볼 수 있어요."
이 말을 남기고 학들은 자기들이 파손시킨 걸 보고 좋아하면서 멀리 날아가 버렸다.

거대한 순무가 박혀있던 자리에는 이제 큰 분화구가 생겼다. 깃털여인은 무릎을 꿇고 앉아서 그 속을 들여다보았다. 머나 먼 저 밑에 자기가 살던 지구의 옛집이, 드넓은 초원과 숲과 강산이 보였다. 남자들은 들소를 사냥하고 소녀들은 산기슭에서 열매를 따고 있었다. 캠프에서는 아낙네들이 가죽을 무두질하고 아이들은 티피 사이에서 뛰놀고 있었다. 모닥불연기가 깃털여인한테로 뭉게뭉게 올라오는데 고향사람들의 말소리도 들렸다. 그녀는 고향이 그리워져서 돌아가고 싶었다.

깃털여인은 땅거미가 질 무렵에 겨우 집으로 향했다. 거대한 순무를 재주껏 제자리로 돌려놓고 귀가했다. 마음이 무거웠다.

해님은 죄책감에 싸인 그녀의 슬픈 표정을 즉시 알아차리고 자초지종을 털어놓으라 했다. 사실을 알고 나서 그는 무섭게 분통을 터트렸다.

"내 이럴 줄 알았다니까!" 해님은 고래고래 소리를 지르며 얼마나 세차게 땅을 찼던지, 그의 격분한 소리 때문에 티피가 통째로 흔들거렸다.

"지구인들은 믿을 수가 없다고 내가 늘 말하지 않았어? 놈들은 다 그래. 자기들한테는 아무 상관도 없는 일에 끼어드는 것들!"

그 소리에 깃털여인은 기가 죽고 무서워서 뒤로 물러섰다. "자, 네가 이제 지구를 보았으니 돌아가는 게 좋겠다. 여기엔 더 이상 머물 수가 없어."

샛별과 달님이 사정을 하고 깃털여인이 눈물 흘리며 뉘우쳐도 막무가내였다. 깃털여인은 별나라에서 영영 쫓겨나고 말았다.

수심에 찬 샛별은 스파이더맨이 망사사다리를 짜놓은 데로 아내를 데리고 갔다. 별 소년을 엄마 품에 안기고 흰 들소가죽 원피스로 두 사람을 감싸주었다. 스파이더맨은 깃털여인을 질긴 줄로 동여매고 하늘 아래로 내려 보냈다.

 저녁때였다. 인디언들은 하루 일을 끝내고 티피 옆에 앉아있었다. 갑자기 어떤 소년이 위쪽을 가리키면서 "저것 봐! 별똥!"이라고 소리쳤다. 사람들은 밝은 불빛이 하늘에서 내려오는걸 보았다. 떨어진 곳으로 달려가 보니 깃털여인과 아들이 흰 들소가죽 원피스에 싸여있지 않은가. 사람들은 그녀가 오래전 땔나무를 주우러 나갔다가 돌아오지 않은 그 소녀임을 알고 그녀 아버지의 티피로 데려다주었다.

 깃털여인은 고향에 돌아왔건만 행복하지 않았다. 그녀는 저 먼 별나라의 남편과 시댁 생각만 했다. 밤마다 별 소년을 품에 안고 서산 쪽으로 가서 하늘을 쳐다보며 샛별이 나오기만을 기다렸다. 남편과 말을 나누고 싶었으나 그가 너무나 차갑고 냉담해보여서 감히 입을 열지 못했다.

마침내 용기를 내어 고함쳤다.
"나의 남편 샛별이여, 용서해주세요! 나 데려가줘요!"

 샛별은 그녀를 내려다보며 "너무 늦었소. 너무 늦었소." 하고 슬프게 대답했다. "당신은 명을 어겼소. 영영 돌아올 수 없소." 그는 이 말을 남기고 떠났다.

 외롭고 불행한 깃털여인은 날이 갈수록 얼굴이 점점 더 창백하고 여위었다. 그러다가 마침내 비탄에 잠겨 눈을 감았다.

# 연가 1

내 아무리 그대를
잊으려 해도
언제나 내 마음으로 돌아오는 그대
내 노랫소리 들리거든
그대 위해 부르는 줄 알아요

누트카 족의 노래

# 연가 2

내 마음 온통 외로움뿐
내 마음엔 슬픔이 가득
내 님, 내 님이 떠났네

저녁 하늘은 컴컴하고
새벽 새 노래 슬퍼라
내 님, 내 님이 떠났네

그는 나의 태양이었는데
나의 아름다움이요 기쁨이었는데
돌아와요, 돌아와
나의 기쁨, 나의 행복이여

치퍼와 족의 노래

# 연가 3

아비새인가 싶었는데
내 님 노에
물 퉁기는 소리였네

치퍼와 족의 노래

* 아비새 : 아비과에 딸린새. 해안 부근의 늪이나 호수, 습지 등 물가에서 산다.

# 사랑 노래

오, 나 지금 생각중이야
오, 나 지금 생각중이야
내 연인을 찾았어
오, 그런 것 같아

치퍼와 족의 노래

* 치퍼와 족은 다른 노래를 부를 때에는 북을 치지만 연가(사랑노래)는 피리를 사용한다. 그들은 살아가는 모든 과정에서 느끼는 감정을 음악과 노래로 표현한다. 이 연가에서는 가사도 중요하지만 더 뜻 깊은 것은 멜로디다.

## 페루 연가

이 노래 듣고
그대 잠드오

한밤중에
그대 찾아가리니

* 페루 인들은 스페인 침략 이전부터 음악적 감각이 발달해 있었다. 옛 안데스지역 사람들은 타악기나 관악기를 썼으나 가장 널리 쓰인 것은 팬파이프(pan pipe), 이로써 운율과 박자가 잘 맞아떨어지는 민속음악을 발전시켜왔다.

## 나 찾아갈 거야

나 그 누구네 집 찾아가런다
그 누구네 집 나 찾아가런다

내 사랑 너의 집으로 나
어느 날 밤 찾아갈 테야, 찾아갈 테야

내 사랑아, 겨울 어느 날 밤
너의 집으로 나 찾아가겠어, 찾아가겠어

내 사랑아, 바로 오늘 밤
나 너의 집으로 찾아갈 거야, 찾아갈 거야

치퍼와 족의 노래

## 어느 여인의 꿈 노래

산이 가로지르는 데서
정상에 오르니
어딘지 모르겠더라
내 마음과 가슴을 잃어버린 듯한 곳에서
나는 헤맸지
그저 헤맸어

파파고 족의 노래

---

* 파파고(Papago) : 서남부 쏘노라 및 애리조나 사막지대 거주민. 전통적으로 옥수수, 콩, 목화를 재배하는 준정착민으로 관개를 하지 않고 계절 따라 강우량에 의존하여 거주지를 이동하면서 경작하는 부족이다. 건조한 기후 때문에 9천 안팎의 인구가 여기저기 흩어져 있어 큰 정치세력을 확보하지 못했지만 사는 데가 워낙 오지라서 백인과의 접촉이 적은 덕에 고유전통을 보존하기에는 매우 유리했다. 자칭 '토호노 오오드함(Tohono O'Odham)이라 하는데, '사막의 사람들'이라는 뜻이다. 건조하고 척박한 지역에 살지만 그들은 언제나 어머니 대지에게 감사드린다. 결코 척박한 환경을 한탄하거나 비탄하지 않으며, 자연을 개조하려고도 하지 않는다. 그저 조상들이 살아온 대로 늘 감사하며 살아갈 뿐이다.

## 삼목 앞에서 올리는 기도

친구, 나 좀 보게
나 자네한테 옷 한 벌 구하러 왔네
우리를 불쌍히 여겨주려고 왔기에 하는 말이지
자네는 뭣에라도 쓸모가 있잖은가
자네 옷을 정말 기꺼이 우리에게 줄 용의가 있기에
이걸 구하러 온 거라네
장수 메이커여
자네 껍질로 나 백합꽃 담을 바구니 하나 만들 거야
친구, 부탁인데, 나 이런다고 노하지 말게나
내가 자네한테 뭘 청하는지를 내 친구들에게 부디 말해주게
몸조심하게
병일랑 내게서 멀리 해주게
그래야 나 병 안 걸리고 싸우다 죽지도 않지
오, 내 친구!

쿠와키우틀 족의 노래

# 노인의 기도

올렐베스여, 나를 내려다보소서
당신께 기도드리고자 세수하고
내내 건강하기를 바라고 있사옵니다
나 이제 점점 늙어서 더는 아무 일도 할 수가 없나이다

동서남북 높은 산에 사는 사슴아
물속에서 뛰노는 연어야
너희들 잡아먹히려고 태어났건만
나 이제 너희들을 잡아 집으로 가져올 힘이 없다
동쪽 언덕을 내려가 연어를 잡아올 수도 없고
사람 나이 들면 기운이 약해져

네가 바위거든 날 바라보아라, 나 이제 점점 늙어간다
네가 나무거든 날 바라보아라, 나 이제 점점 늙어간다
네가 물이거든 날 바라보아라, 나 이제 점점 늙어간다
도토리들아, 나 이제 다시는 네놈들을
따러 나무에 올라갈 수가 없구나

# 물아, 나 다시는 너를 집으로 길어올 수가 없느니

원투 족의 노래

* 올렐베스(Olelbes) : 원투 족의 창조신

* 원투(Wintu) 족 : 현 캘리포니아의 원주민부족. 캘리포니아만해도 너른 땅이어서 이곳 원주민을 씨족단위로 나누면 생소한 이름이 많은데, 영문으로만 소개하면 이렇다 : Winnemem, Nor-El Muk, Toyon, Tolowa, Shasta, Karok, Yurok Hupa Whilikut, Chilula, Chimarike, Wiyot (이상 서북 지역), Modoc, Achumawi, Atsugewi (동북지역). Bear River, Mattale, Lassick, Nogatl, Wintun, Yana, Yahi, Maidu, Wintun, Sinkyone, Wailaki, Kato, Yuki, Pomo, Lake Miwok, Wappo, Coast Miwok, Interior Miwok, Wappo, Coast Miwok, Interior Miwok, Monache, Yokuts, Costanoan, Esselen, Salinan, Tubatulabal (중부), Chumash, Alliklik, Kitanemuk, Serrano, Gabrielino Luiseno Cahuilla, and the Kumeyaay (남부). 캘리포니아가 본향이던 이 부족 혹은 씨족들 중에 상당수가 유럽인 유입이후 면역이 없는 질병으로 사망하고 생존자 다수는 오레곤, 오클라호마 등지로 강제 이주되었다. 이 원주민들의 전통적인 생활수단은 수렵(사슴, 영양, 토끼), 열매와 과일 수집, 모피를 얻기 위한 덫사냥, 연어잡이 등으로, 자연자원에 의존하는 이들의 생활방식은 기본적으로 미국 전역의 다른 원주민과 다를 바 없다.

위의 씨족명을 보면 알 수 있듯이, 우리가 아는 원주민 이름 (이로쿼이, 수우, 호피, 나바호, 아파체 등등) 뒤에는 수많은 씨족들이 있어서 그 명칭을 다 헤아리기는 매우 어렵다. 우리도 족보를 제대로 가리면 '무슨 씨, 무슨 마을, 누구네 집 누구'라고 세분하듯이 토착문화는 본래 이런 면에 있어서는 대단히 구체적이고 민감하다. '사돈의 팔촌'을 따지는 우리네 전통친족호칭이 얼마나 복잡하고 세부적인가를 뒤집어 생각하면 바다 건너 아메리카 대륙 '원주민'들의 부족-씨족이름 왜 그렇게 많고 복잡한지 조금은 이해할 수 있을 것이다. 그런데, 그토록 다양한, 가지각색의 부족명, 인명, 지명을 단 세 글자 '인디언'이라고 싸잡아 부른다는 것이 얼마나 잘못된 오명이며 무례인가를, 특히 약소민족이었던 우리로서 한번 생각해볼 필요가 있지 않은가?

독자의 이해를 돕기 위해 토를 하나 더 단다면, '인디언(Indian)'은 북-남미 전역의 원주민을 가리키는 포괄적인 호칭이고 그 아래 단위를 대별하면 부족(tribe), 씨족에 해당하는 band가 있다. 예를 들어 "제로니모"는 크게는 아파체 부족민이면서 한 단계 내려가면 '치리까우아' 씨족(band)에 속하는 미국 남서지역의 토박이었다. '수우'니 '나바호'니 하는 부족은 법적으로 말하자면 엄연한 자치국(nation)이다.

# 이별가

아, 친구들! 나 이제 떠나네
잘들 있게, 친구들
  아 예 하 아, 아 예 야 하, 아예!

나 떠난다고 너무 가슴 아파하지 말게, 친구들
  아 예 하 아…
형제들아, 나 떠난다고 너무 가슴 아파하지 마라
  아 예 하 아… 아, 친구들, 아 예 야 하 아…
자매들아, 나 떠난다고 슬퍼하지 마라
  아, 자매들아, 아 예 야 하…
나 떠나가도 머잖아 그대들 앞으로 다시 돌아올 거라고
나 돌봐주는 사람이 말하더군. 아, 친구들, 아 예 야 하…
친구들아, 정말이야. 나 떠난다고 너무 슬퍼 말라구
  아 예 야 하 아, 아 예 야 하, 아예 아!

        쿠아키우틀 족 '테그쿠아네'가 임종시에 읊은 노래

## 애도(哀悼)

올빼미 혼을 가진 이가
그 사람, 그 사람이야
그 사람이야, 그 사람
올빼미 혼을 가진 이가
그 사람, 그 사람이야

내가 울면서 배회하니
'마니토' 님들 모두가 울고 계시네
내가 울면서 배회하니
'마니토' 님들 모두가 울고 계시네

하늘도 우실 걸
땅 끝에서
하늘도 우실 거라구

폭스 족의 노래

* 폭스 사람들은 죽음을 애도하는 마음이 깊고 애절하면서도 표면적 자세는 대체로 냉철하다. 죽음은 아무도 피할 수 없는 것, 고로 두렵고 비겁하게 대할 필요가 없다는 말이다.

* 올빼미 : 폭스 인들에게 신성한 존재

* 마니토(manito) : 북아메리카 원주민 신의 이름

# 타계하는 사람에게

자, 앞으로는 자네 햇빛을 못 보게 되었군
좋은 일만 생각하게
부질없는 걸랑 아예 생각하지 말구
언제나 좋은 일만 생각해야 하네
자네 저승 가면 우리 조카랑 같이 살 건데
자네 친지들한테 앙심 품지 말게
오늘 떠나면 그분들 유감스런 기분으로 뒤돌아보지 말고
뒤돌아볼 생각도 하지 말게
오늘 같은 낮을 못 보게 되었다 해서 기분 나빠하지도 말게
이런 일이 어디 자네한테만 생기는 건가
혼자 당하는 일 아니잖아
사람들 병나지 않도록 축복해주게
이렇게 하라구
죽음을 면치 못할 인간으로 지상에서 살도록 축복해주게
늘 따뜻이 생각해주고

자네에게 말을 하는 거 오늘이 마지막이네그려
내 친척인 자네, 이제 나 얘기 그만 함세

                        폭스 족의 노래

## 죽어가는 사람에게 불러주는 노래

당신은 이제 영혼(靈魂)이요
내가 당신을 영혼으로 만들고 있소
나 앉아있는 자리에서
당신을 영혼으로 만들고 있소

치퍼와 족의 노래

---

* 치퍼와(Chippewa) : 북미 삼림지역문화권에 속하는 부족. 일명 오지브와(Ojibwa). 17세기에 5대호 서쪽지역으로 이주, 19세기까지 수렵을 하면서 프랑스인들과 모피무역을 했다. 현재 (캐나다) 온타리오, (미국) 미네소타, 위스콘신, 북 다코타 3개 주에 거주한다. 부족민 수가 10만을 웃돌아 원주민 중에서는 가장 큰 축이다. 언어는 아라파호 족과 마찬가지로 알곤킨 계.

"사람이 밟고 다니는 땅은 파는 게 아니다."

오글랄라 수우 추장 '미친 말(Crazy Horse)'

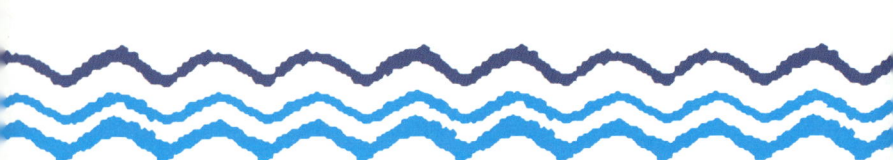

# 3부

## 땅은 언제나 참고 견딘다

개울과 강을 흐르는 이 반짝이는 물은 그냥 물이 아니라 우리 조상들의 피와 같다. 만약 당신들이 이 땅을 사 갈 경우에 이 땅이 거룩하고 신성한 것이라는 걸 꼭 기억해 달라. 당신들은 아이들에게 이 땅이 신성한 곳이며, 호수의 맑은 물속에 비친 신령스러운 모습들 하나하나가 우리 부족의 삶과 기억들을 이야기해 주고 있음을 가르쳐야 한다.

- 시애틀 추장

우리가 서 있는 땅은 거룩한 땅
그것은 우리 조상님들의 피(血)와 같다.

크로우 추장 '다타자(Plenty Coups)'

만물은 같은 공기로 숨을 쉰다.
짐승도, 나무도, 사람도.

두아미쉬추장 '시애틀'

## 옥수수 노래

신록으로 탈바꿈한 땅 사이로
떠오르는 안개 사이로, 할아버지 발자국 사이로
이리저리 돌아다닐 제
떠오르는 안개가 보이네
눈에 들어오는 형체들 사이로
이리저리 돌아다닐 제
떠오르는 안개가 보이네

눈에 들어오는 형체들 사이로
줄지은 언덕들 사이로 이리저리 돌아다닐 제
내 눈에 보이네

눈에 들어오는 형체들 사이로, 벌어진 풀잎들 사이로
이리저리 돌아다닐 제
내 눈에 보이네
눈에 들어오는 형체들 사이로, 대낮 사이로
이리저리 돌아다닐 제…

오사지 족의 노래

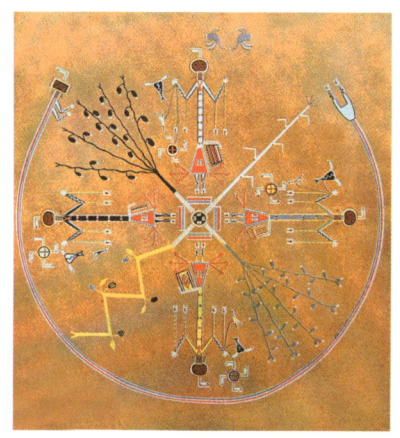

* 한겨울 지난 다음 봄철에 땅을 뚫고 솟아나는 새싹들과 이른 아침 아낙네들이 귀한 옥수수 씨를 심고 있을 때 떠오르는 아지랑이는 그들을 축복해주는 신의 숨결일까? 이 시를 통해 감지되는 이미지들이다.

* 오사지(Osage) 족 : '오사지'는 본래의 명칭 '와자제(Wa-zha-zhe)'를 프랑스 모피상들이 자기네 식으로 표기하여 Osage로 굳어버린 것이다. 우리나라 고려를 '꼬레(Coree)'로 고착시킨 것과 비슷하다. 이들은 원래 지금의 켄터키 주 오하이오 강 유역에서 수천 년 동안 살다가 17세기 중엽 이로쿼이 족의 침입을 받아서 미시시피 강 서쪽지역으로 밀려나 현재 아칸소, 캔자스, 미주리, 오클라호마 등지에 정착하였다. 18세기 초기에는 이 지역일대를 제압할 수 있을 만큼 강해졌었다. 지금은 약 25,000명이 주로 오클라호마 Osage 카운티를 근거지로 하여 살고 있다. 언어는 수우 계의 데기한(Dhegihan) 어로서 칸사, 퐁카, 오마하, 쿼포 (Kansa, Ponca, Omaha, Quapaw) 부족과 상통한다.

## 아메리카 원주민 신화 - 오사지 족 창조 신화

 머나먼 저편에 오사지 사람들 일부가 하늘에 살고 있었다. 그들은 자기들이 어떻게 해서 세상에 태어났는지 알고 싶었다. 태양한테 가서 물으니 너희들은 내 자식이라 했다. 그 다음에는 한참 헤매다가 달한테로 갔다. 달의 말이 자기가 어머니요, 태양은 아버지라 하였다. 그러면서 하는 말이, 너희는 현재 살고 있는 곳을 떠나 지구로 내려가서 살아야 된다는 것이었다. 지구로 내려간즉 물로 덮여있었다. 떠나온 곳으로 돌아갈 수도 없어 울었다. 그 어디에서도 답이 나오지 않았다. 그들은 공중을 떠다니면서 자기들을 도와줄 신이 어디 없나 하고 사방을 살폈으나 허사였다. 동물들이 그들과 함께 있었는데, 그 중에서 가장 멋지고 당당한 것이 엘크(큰사슴)였다. 엘크가 다른 동물들에게 자신감을 심어주는지라 오사지 사람들은 그에게 도움을 호소했다. 그랬더니 엘크는 물속으로 들어가 가라앉기 시작했다. 그러더니 바람을 부르자 여기저기 사방에서 바람이 불어와 여러 바람을 일으켜서 물이 안개가 되어 올라갔다.

맨 처음 나타난 것은 바위투성이뿐이어서 사람들이 울퉁불퉁한 데를 다녀보아도 식물이라고는 하나도 자라지 않아 먹을 것이 없었다. 그러다가 물이 가라앉더니 부드러운 땅이 밖으로 나왔다. 그런자 엘크는 기뻐서 부드러운 땅위를 자꾸자꾸 굴렀다. 그랬더니 엘크의 느슨한 털이 흙에 달라붙었다. 그 털이 자라 거기서 콩, 옥수수, 감자, 순무가 깡충깡충 튀어나왔다. 그 뒤를 이어 온갖 초목들이 다 따라 나왔다.

## 가신에게 바치는 노래


이 신성한 파란색 옥수수 씨를 나는 심어요
하룻밤 사이에 무럭무럭 자랄 거예요
가신의 채소밭에서 옥수수는
하룻밤 사이에 열매를 많이많이 맺어요

신성한 흰색 옥수수 씨를 나는 심어요
하루 낮 사이에 자라서 익을 거예요
하루 낮 사이에 옥수수는
그 어여쁜 모습으로 열매를 많이많이 맺어요

옥수수가 자라네
동쪽에서는 정말 흰 콩, 큰 옥수수가
흰 번개랑 연결돼 있어
들어봐, 저 비 다가오는 소리를!
지빠귀 소리도 들리네
옥수수 대 위에서 나는 물소리 구르륵, 구르륵
내 귀에 들려

뿌리 근처에선 물거품 소리 나고
초목들 아래 위에서도 물거품 소리, 내 귀에 들려

옥수수가 자라네
검은 구름에서 빗물이 주룩주룩
비가 내리네
옥수수 잎에서 물방울이 똑똑
비가 내리네
초목에서 빗물이 똑똑
옥수수가 자라네
검은 안개에서 빗물이 뚝뚝

이 큰 옥수수 내가 딸까?
네가 따, 내가 따?
내가 딸까? 네가 딸래?

이 큰 호박 줄기 내가 자를까?
이 호박 네가 따, 내가 따?
내가 딸까? 네가 딸래?
내가, 네가?

나바호 족의 노래

* 이것은 옥수수를 심는 의식을 거행할 때 부르는 노래다. 사는 땅이 메마른 아메리카 원주민(나바호, 주니, 푸에블로…)들에게는 언제나 비가 필요하다. 이 시에서는 똑똑, 똑똑 단 빗방울 떨어지는 소리가 들리는 것 같고 여기에 새소리, 평야를 휩쓰는 바람소리와 번개, 먹구름 등 역동적인 요소가 가미되어 살아 박동하는 자연 속에서 옥수수, 콩, 호박이 자라나는 이미지가 마치 다큐멘터리 한 편을 보고 있는 듯하다.

## 독수리의 노래

햇살들이 내려와
내 날개 위에 드러누우니
두 날개 끝까지 쭉 퍼지네

잿빛 꼬마 회오리바람 한 녀석이
애써 나를 잡으려하네
내가 날아가는 길을 따라
자꾸 쫓아오네

파파고 족의 노래

# 내가 네 소리를 들었지

드디어 네가 소리 내어 울었구나, 내가 네 소리를 들었지
드디어 네가 소리 내어 울었구나, 내가 네 소리를 들었지
드디어 네가 소리 내어 울었구나, 내가 네 소리를 들었지
드디어 네가 소리 내어 울었구나, 내가 네 소리를 들었지

네가 울어서 땅 울리는 소리를 듣게 되었지
드디어 네가 소리 내어 울었어
그래서 듣게 되었지
그래서 듣게 되었지

위네바고(버팔로 씨족)의 노래

---

* 버팔로(들소)가 큰 무리를 지어 소리를 내며 대평원을 달리면 마치 지진이 일어난 듯 땅이 진동했다. 여기서 주인공은 땅의 진동으로 들려오는 들소의 움직임을 감지하고 흥분된 상태에서 사냥준비를 하려는 것 같다.

## 별들의 노래

우리는 노래하는 별들이라오
우리의 불빛으로 노래 부르지요
우리들은 화조
하늘 너머로 날아갑니다
우리들의 불빛은 하나의 목소리
영혼들이 밟고 지나갈 길을 만들지요
우리들 중에는 곰을 쫓는
사냥꾼이 셋 있다오
이들은 사냥을 아니 한 적이 한 번도 없었다오
우리는 산들을 내려다본다오
이것은 별들의 노래라오

파사미쿼디 족의 노래

# 맑은 날씨를 기원하는 노래

오늘은 그대의 날
아름답게 만들어 주오
오색 무지개를 드러내주오
날씨가 예뻐지게

누트카 족의 노래

## 안개를 탓하며

하늘에 있는 그대여
도대체 그대는
우리와 그대 사이에
구름이 끼어있는데 짜증도 안 나오?

누트카 족의 노래

## 저 위 매달린 구름

저 위에 매달린

구름 한 조각

내 말을 따라하네

듣기 좋은 목소리로

치퍼와 족의 노래
'키미운(Ki' miwun)' 부름

# 되돌아오는 생명의 노래

바람에 버드나무들이 흔들거리네
풀들이 바람에 살랑거리네
사시나무들이 크게 자라고 있네
푸릇푸릇 크게 자라네

안개, 안개가 끼네!
번개, 번개가 치네!
회오리바람, 회오리바람이 부네!

회오리바람! 회오리바람!
눈 덮인 땅이 스르르 미끄러져 내려오네
눈 덮인 땅이 스르르 미끄러져 내려오네

회오리바람에 먼지가 일었네
회오리바람에 먼지가 일었네
저 산위의 회오리바람

바위들이 뎅뎅 울리네
바위들이 뎅뎅 울리네
뎅뎅 울리어 산들을 끌어오네

파이우테 족의 노래

# 내 하는 말(言)은 하나로 묶여

내 하는 말은 내 몸과 내 가슴 속에
큰 산들과
큰 바위들과
큰 나무들과
묶여서 하나가 되어있노라

낮과 밤인 그대들은 다
초자연의 힘으로 부디 나를 도와
내가 이 세상과
하나됨을 볼 지어다!

요쿠츠 족의 노래

## 뱀 노래

내 속에
불이
내 속에
영혼이

치퍼와 족의 노래
'네바데이케시고케이(Ne-ba-day-ke-shi-go-kay)' 부름

## 아메리카 원주민 민담 - 왜가리와 벌새

왜가리와 벌새는 아주 사이좋은 친구였다. 둘 중에 하나는 키가 크고 몸이 호리호리하면서 동작이 섣부른데 비해 또 하나는 키가 작고 몸이 날씬하고 동작이 빨랐다. 둘은 물고기를 즐겨 먹었다. 벌새는 피라미와 같은 작은 물고기를, 왜가리는 큰 물고기를 좋아했다.

하루는 벌새가 친구에게 얘기했다. "이 세상에 우리 둘이서 먹을 물고기가 넉넉한지 잘 몰라서 하는 말인데, 그러니까 우리 한번 달리기내기를 해가지고 누가 물고기 임자가 될지를 결정하는 게 어때?"

왜가리는 그거 참 좋은 생각이라 싶었다. 둘은 경주

를 나흘 동안 하기로 했다. 종착점은 저 멀리 강가의 죽은 나무로 정하고, 나흘째 되는 날 둘 중 하나가 그 나무에 먼저 가 앉으면 이 세상의 물고기를 다 소유하게 되는 것이다.

둘은 다음날 아침에 출발했다. 벌새는 홱홱 날면서 왜가리 주위를 빙빙 맴돌았다. 왜가리는 큰 날개를 펄럭거리며 착실하게 전진했다. 도중에 벌새는 예쁜 꽃을 보고 길을 빗나갔다. 이 꽃에서 저 꽃으로 홀짝홀짝 옮겨 다니면서 화밀(花蜜)을 맛보았다. 그러다가 왜가리가 앞서가는 걸 보면 재빨리 날아서 뒤로 따돌렸다. 왜가리는 큰 날개를 퍼드덕거리며 꾸준히 날아갔다. 벌새는 획획 날아가는 일에 싫증이 났다.

날이 저물자 벌새는 쉬기로 작정했다. 걸터앉기 좋은 자리를 골라가지고 밤새 잠잤다. 그러나 왜가리는 큰 날개를 퍼덕거리면서 밤새도록 쉬지 않고 날아갔다.

벌새가 아침에 눈을 떠보니 왜가리는 자기보다 훨씬 앞서있는 게 아닌가. 힘을 다해 빨리 날아야 했다. 붕 하고 급진해서 몸집이 크고 동작이 느린 왜가리를 따라잡으니 저만치 뒤떨어져 시야에서 사라졌다. 인근에 예쁜 꽃 몇 송이가 보였다. 벌새는 그쪽으로 휙 날아가 즙(汁)을 빨아먹었다. 벌새는 아름다운 경치를 즐기느라 왜가리가 큰 날개를 퍼드덕 퍼드덕거리며 지나가는 줄도 몰랐다.

 마침내 벌새는 자기가 왜가리와 달리기내기를 하고 있다는 사실을 기억하고 한껏 빨리 날아서 덩치 큰 느림보 왜가리를 따라잡았다. 휙 달려서 큰 날개를 퍼드덕거리며 꾸준히 전진하고 있는 왜가리 주위를 뱅뱅 맴돌았다.

 벌새와 왜가리는 강가의 죽은 나무가 결승점인 먼 곳을 향해 경주를 했다. 벌새는 꽃들 사이를 휙휙 날아다니면서 화밀을 빨아먹고 밤이 되면 쉬는 재미가 아주 그만이었다. 왜가리는 극기(克己)하면서 계속 큰 날개를 퍼드덕 퍼드덕거리며 꾸준히 날았다. 온종일, 밤새도록 공기를 뚫고 자꾸자꾸 날았다.

 나흘째 되는 날 아침에 벌새는 잠에서 깨어났다. 기분이 상쾌하고 기운이 솟았다. 죽은 나무가 있는 강가를 향해 휙휙 날아갔다. 종착점이 시야에 들어오는 데 이르러 보니, 왜가리가 나무꼭대기에 앉아 있지 않은가! 그는 벌새가 자는 동안 밤새도록 쉬지 않고 곧장 날아갔기 때문에 달리기내기에서 이긴 것이다.

그 이후로 왜가리는 강과 호수의 모든 물고기를 다 차지하게 되었다. 한편 벌새는 경주를 하는 동안 맘껏 향유(享有)한 수많은 꽃의 화밀을 빨아먹었다.

## 나무의 노래

나
두려운 것은
바람뿐

치퍼와 족의 노래<br/>
'가간닥(Ga' gandac)' 부름

# 개구리는…

개구리는
자기가 사는
연못의 물을
다 마셔 버리지
않는다

누트카 족의 노래

## 수많은 나무와 시냇물에게 바치는 노래

저 멀리 하늘을 향해 우뚝 솟은 검은 선
우리 앞에 누웠구나. 나무들이 기다란 줄을 이루어
산들바람에 흔들리고 기우는 모습이 보이누나

저 멀리 줄 너머 번뜩이는 불빛에 광채 나는
강물이 땅위로 굽이쳐 흐르며
날쌔게, 재빨리 흘러가는 모습이 눈앞에 보이는구나

아, 저 멀리서 들려오는 소리 들어보아라
노래 부르며 우리에게 인사하러 오는구나
나무들 밑으로 조용히 잔물결 일으키는 강물소리

포오니 족의 노래
'타히루싸위치(Tahirussawichi)' 부름

## 열매를 짓찧으며

나 열매를 짓찧고 있어요
나 열매를 짓찧고 있어요
길손들이 몰려온답니다

나 열매를 휘저어요
열매를 휘저어요
나 들소뿔 숟가락으로 짓찧은 열매를 퍼냅니다

나 길손들에게 짓찧어 퍼낸 열매를 갖고 가요
낯선 분들에게
낯선 분들에게
가지고 갑니다

키오와 족의 노래

# 비를 부르는 노래

서쪽으로 가면 대양이 노래를 부르고 있다네
구름 담뿍 뒤집어 쓴 파도들이 넘실거리며
나를 향해 오고 있네
예서도 그 소리가 들리네
내가 딛고 서 있는 땅은 흔들흔들

상록산 꼭대기에서 구름 한 조각 노래를 부르고 있다네
상록산 꼭대기에서 구름 한 조각 조용히 서 있다네
거기서 비가 내리고 우레가 치고 있네
여기 지금 비가 내리네
산 밑에서 옥수수 수염들이 흔들흔들
산 밑에서 애기 옥수수 자루들이 반짝거리네

파파고 족의 노래

* 북미 원주민들에게 노래는 단순한 표현이 아니라 자연의 힘을 불러 인간의 의지가 관철되도록 하는 일종의 주술이었다. 그들은 곤궁에 빠졌을 때, 위험에 직면했을 때, 환자를 치유하기 위해, 적을 교란시키고, 곡식이 잘 자라게 하려고 노래를 불렀다.

### 아메리카 원주민 민담 - 코요테와 컬럼비아 강

하루는 코요테가 걸어가는데 해가 쨍쨍 비쳐서 날씨가 매우 더웠다.
"구름이나 한 조각 끼었음 좋겠네."
코요테의 말이었다. 그러자 구름 한 조각이 나타나서 코요테에게 그늘이 되어주었다. 코요테는 성이 차지 않았다.
"구름이 좀 더 끼었음 좋겠구만."
코요테가 그렇게 말을 하니 더 많은 구름들이 따라왔다.
날씨가 대단히 험악해졌다. 그래도 코요테는 여전히

더웠다.

"비가 좀 와야지." 코요테가 그렇게 다그치니까 빗방울이 떨어지기 시작했다.

"좀 더 와야지." 비가 억수로 쏟아졌다.

"발 담글 샛강이 하나 있었음 좋으련만." 그랬더니 냉큼 샛강이 코요테 옆에 생겨났다.

코요테는 샛강 물속을 거닐며 발을 식혔다.

"좀 더 깊어야지."

샛강은 소용돌이치는 커다란 강이 되었다.

코요테는 강물에 휩쓸려 넘어지고 또 넘어졌다.

급기야 물에 빠질 뻔했다가 먼 강둑에 나가떨어졌다.

정신을 차리니 코요테가 죽었나 하고 말똥가리들이 지켜보고 있었다.

"나 안 죽었어." 코요테가 말을 하니까 말똥가리들은 날아가버렸다.

그렇게 해서 컬럼비아 강이 생겨난 것이다.

사합틴/살리샨(Sahaptin/Salishan) 부족

## 천둥의 노래

나는 가끔
바람에 실려
하늘을 가로질러 가는 동안에
나 스스로를 애처로워하며
돌아다닌다

치퍼와 족의 노래
'가간닥(Ga' gandac)' 부름

## 갈색 올빼미

갈색 올빼미들이 남빛 저녁녘에 여길 찾아와
부엉부엉 소리 내며 돌아다니네
날개를 털면서 부엉부엉 거리네

파파고 족의 노래
'시바리아노 가르씨아(Sivariano Garcia)' 부름

---

* 북 두드리는 소리에 구름들이 빨리 한데 모이고 천둥이 친다. 독수리 털은 구름을 상징하며 그것을 제물로 바치면 구름이 기원하는 방향으로 흘러간다.

## 나는 내가 늑대라 생각했건만

나는
    내가 늑대라 생각했건만
    아무것도 먹은 게 없어
    서 있어도
    피곤하네

나는
    내가 늑대라 생각했건만
    올빼미들이 부엉거리는
    밤이 두렵네

테튼 수우 족의 노래
'회색 매(세탄 호타)' 부름

## 체로키 족 전설 - 늑대 두 마리

어느 체로키 노인이 손자에게 인생에 대해 가르치고 있었다. 그가 손자한테 말했다.

"내 마음속에서 지금 싸움이 벌어지고 있단다. 끔찍한 싸움인데, 늑대 두 마리 사이에서 벌어지는 거야. 하나는 노여움, 시기, 슬픔, 후회, 교만, 자기 연민, 죄책감, 열등감, 그릇된 자만심, 우월감, 자존심을 대표하는 악이고, 다른 녀석은 기쁨, 평화, 사랑, 희망, 평온, 겸손, 친절, 박애, 아량, 진실, 동정심, 신의를 대변하는 선이란다. 이와 같은 싸움이 네 마음속에서도 일어나는 것이고 또 누구나 다 그렇단다."

손자는 잠시 생각을 하더니 "그럼, 어느 녀석이 이기나요?"라고 할아버지에게 물었다.

"그야 네가 밥 주는 놈이지." 노인의 대답이었다.

# 4부

## 전사의 노래

백인 군대가 인디언과 싸워서
이기면 대승이라 하지만
지면 학살이라고 한다.
쇼니(Shawnee) 족 칙시카의 말

우리는 곧 우리 고향땅에 이별을 고하고 떠난다
대신령이 우리 아버지들에게 주신 그 나라, 우리에게
생명을 주신 그 나라를 떠나야 할 저녁이로다
백인들의 강요로 하는 수 없이 우리 어린 시절의
무대를 떠나야 하니 슬프도다. 고향땅과 우리가 소중히
여기던 모든 것에 작별을 고하노라.

               1838년 11월 4일, "눈물의 오솔길"에 오르기 전

                       체로키 족 부추장 '찰라기'

"어릴 적 나는 주는 걸 알았었다.
문명화된 뒤로 나는 이걸 잊어버렸다."

산티 수우(Santee Sioux) 족 추장 '오히예사'의 말

# 고스트 댄스(유령의 춤) 노래

나의 자식들아
내가 백인들을 처음 만났을 적엔
온갖 과일을 다 주었단다
온갖 과일을 다 주었단다

아버지시여
저를 긍휼히 여기소서
저는 목이 말라 큰 소리로 외치고 있나이다
모든 걸 다 잃었나이다
먹을 게 하나도 없나이다
아버지께서 강림(降臨)하시리라
그러면 땅이 와들와들 떨고
우리는 모두 다 일어설 터
너희들은 손을 내밀지라

에헤, 에헤!
나는 보았노라
까마귀가 날아
대지로, 대지로 내려오는 것을
그가 우리를 되살려주고
우리를 긍휼히 여기었노라

나는 대지의 변두리를
선회하노라
나는 비웅(飛雄)하노라
기다란 깃털 꽂고

이예헤! 내 자식들아
내 자식들아
우리는 백인들을 몰아내었노라
미친놈들. 아헤유헤유!
우리는 다시 살아나리
우리는 다시 살아나리

---

* 이 〈고스트 댄스 노래〉 배후에는 '블랙 호크(검은 매)'라는 사우크(Sauk) 족 추장(1767-1838)이 있다. 그는 미국정부가 이른바 서부개척을 밀어붙이기 시작하던 19세기초엽, 백인들이 조상대대로 살아온 (현재 일리노이(Illinois) 주 서북부지역) 땅을 점령하려는데 격분하여 사우크(Sauk, 일명 Sac)와 폭스(Fox) 두 부족의 연합군 1,200명을 이끌고 용감히 저항하였다. '검은 매'는 제퍼슨 대통령 당시 미국이 이미 미시시피 강 서부의 광활한(약1백19만 제곱킬로미터) 땅을 매입해 놓은 소위 '루이지애나 매입(Louisiana Purchase, 1803년)에 대해 깊은 증오심을 품고 있었다.

일찍이 영국군 쪽에 가담하여 용감하고 고매한 지도자로 인정을 받은 그였으나 인산인해 식으로 밀려오는 소위 서부개척자들과 막강한 미 연방군을 퇴치하기란 산토끼가 곰과 겨루는 격이었다. 이 시는 이렇듯 억울한 북미원주민의 운명을 '와콘다'나 대신령(Great Spirit)이 언젠가는 불쌍히 여겨 구원해줄 것이라는 일종의 토착민종교운동을 그들 특유의 노래를 곁들인 샤먼 댄스로 나타낸 것이다.

## '상처 난 무릎'에 나를 묻어다오

내 심장은 약해지고 몸은 쇠진해가니
'상처 난 무릎'에 나를 묻어다오
땅이 너무 폭신하여 내 발이 밟을 수 없고
밤이 차구나, 너무 차구나

젊은 전사들이 용감히 싸우다 죽은
'상처 난 무릎'에 나를 묻어다오
백인이 우리 땅을 앗으러
금을 앗으러, 순금을 앗으러 온다

우린 놈들이 시키는 대로 하지 않을 것이니
'상처 난 무릎'에 나를 묻어다오
먹을 게 없어 여인네들이 죽어간다
우리 애들은 팔려간다, 모두 다 팔려간다

눈에 찍힌 우리 발자국
이제 곧 바람에 날려 가리라
한때 웃음소리가 들리던 곳엔
침묵만이 오래도록 남아있으리

---

\* '상처 난 무릎'은 지명, 원어는 Wounded Knee이다(현재 S. Dakota 주 Pine Ridge). 1890년 12월, 소위 서부개척자들과 원주민 간의 영토분쟁이 거의 끝나갈 무렵, 미국연방군이 수우(Sioux) 족 부락의 양민 300여 명을 학살한 곳이다. 원인은 Pine Ridge 보호구역으로 강제이주당한 수우 족 350명의 총기를 정부군이 압수하는 과정에서 누군가의 총이 발사되어 이에 놀란 군인들이 아녀자 230명을 포함한 원주민 300여 명을 무차별 살해한 것이다. 당시 그들의 지도자는 '큰 발(Big Foot)' 추장이었다.

이 사건과 아울러 북미원주민들의 피의 역사를 수록한 책이 Dee Brown저 "Bury My Heart at Wounded Knee"다.

## 모든 게 끝났구나!

옛날 것 뭔가를 우리 손자에게 주고 싶었다
녀석에게 늑대 성가를 불러주마고 했다
그 노래 중에는 내가 늑대 예식을 거행하는 동안
늑대가 우리한테로 와서 식을 주관해달라고
호소하는 대목이 있었다
그래서 우리 손자와 늑대 사이에 평생 가는 인연이 생기라고
나는 노래를 불렀다
내 노래 속에는 심장이 박동할 적마다
간절한 소원이 담겨 있었다
내 말에는 조상들에게서 물려받은 힘이 담겨 있었다
나는 노래를 불렀다
내 손에 창조와 연결되는 가문비나무 씨 한 알을 거머쥐었다
나는 노래를 불렀다
노래는 나무에서 나무로 옮겨가는 햇빛을 타고 흘러가고
내 눈에는 사랑이 반짝였다
내 노래가 끝난즉 늑대의 대답이 궁금하여 온 세상이 다
우리와 함께 들었나 싶었다

한참을 기다려도 아무 대답이 없었다
나는 다시 노래를 불렀다
겸허하지만 한껏 갈구하는 마음으로, 목이 아파 쉴 때가지
아뿔싸, 그때 나는 깨달았다
내 성가를 들어줄 늑대가 없다는 것을
살아남은 늑대가 하나도 없구나!
내 가슴엔 눈물이 가득 찼다
과거, 우리의 과거에 대한 믿음을 손자에게 물려줄 수가 없어
나는 말없이 울었다
모든 게 끝났구나!

댄 조지 살리시 추장(1899-1981)

## 우리는 최초의 원주민

나는 최초 원주민 부족의 자손임이 자랑스럽소
그 어떤 방황하는 선원이 우리를 "발견"하고
자기 있는 곳이 어딘지를 "제대로 알아서"
우리가 "인디언"이 되기 전까지는
이 너른 땅 전부가 우리 선조들의 것이었소

선열들의 승전얘기 해주면 귀담아 듣겠소
우리 역사를 들려주면 눈물이 흘러 반짝일 것이요
옛 분들 사신 얘기 들으면 나는 우수에 잠기오
북소리, 피리소리 들으면 내내 꿈을 꾸고요

그자들은 우리를 "구원"해준다면서 죽이고
평화로운 우리 문화가 "위험"하다고
우리를 약탈했소
거기에 항거하면 우리는 "야만인"이 되었소
그래, 우리가 미친놈들이라 합시다
하지만 우린 그들처럼 "물질"을 긁어모으려는 욕심에

정신을 잃은 건 아니었소
알고 싶은 게 있습니다
지난 수만 년 동안 우리는
그자들 없이 어떻게 살아왔지요?

## 수우 용사의 이야기

나 큰 통찰력이 필요한 때가 왔도다
그것을 소지한 사람은 독수리가 저 짙푸른 하늘을
찾아가듯 그 통찰력을 따라야 할 터
우리는 보호구역에 갇혀 빈둥빈둥 노느니보다
사냥을 좋아했건만
때로는 음식이 넉넉지 못해 사냥을 나가고 싶어도
맘대로 안 되었네
우리가 바라는 건 간섭 없는 평화뿐이었으나
군인들이 와서 우리 마을을 파괴해버렸네
'긴 머리'가 나타났을 제 남들은 우리가 그자를
살해했다고 했지
하지만 그자가 [살았더라면] 우리를 해쳤겠지
처음 충동은 도망치는 거였으나 꼼짝없이 포위되니
싸울 수밖에

* 이것은 수우 추장 '미친 말(Crazy Horse)'의 이야기로서, 찰즈 이스트먼이라는 사람이 듣고 기억나는 대로 적은 것이다. '미친 말'의 본명은 타셩케위트코(Tashunkewitko). 자유투사로 용맹을 떨치고 33세에 요절하였다.

'긴 머리'는 미연방군 제7기병대 조지 카스터(George Custer)의 장발을 일컫는 아메리카 원주민식의 별명이다. 그는 남북전쟁 당시 의외로 큰 성과를 올려 불과 23살에 별을 단 전쟁광이었다. 1868년 11월 (지금의 오클라호마 주) 와시타(Washita) 강 유역 인디언보호지역의 샤이엔 마을 야밤에 급습하여 114명 중 아녀자 103명을 학살하고 그 "공"으로 또 한 번 영웅이 된다. 이로써 그는 1년 전 무단 직무이탈죄로 군사재판에 회부되어 받았던 불명예퇴역을 씻는다. 그로부터 8년 후 (1876년 6월 25일) 카스터는 (현 다코타 주) Little Bighorn이라는 데서 또 한 차례 인디언학살을 시도한다. 기마병 200여 명을 이끌고 큰 원주민 취락을 공격한 것이다. 그러나 예기치 않은 수우-샤이엔 동맹군의 막강한 반격으로 그는 부하들과 함께 전멸되고 만다. 미국역사에서는 이 사건을 '리틀 비그혼 전투(Battle of Little Bighorn)'라고 한다.

## 적을 무찌른 자에게 물 한 잔을

내 보시기 속에
현기증이 번쩍번쩍
취기가 부글부글

우리 위에
거꾸로 서 있는 회오리바람
내 보시기 속에 누웠다

큰 곰의 심장
큰 독수리 심장
큰 매의 심장
뒤틀리는 큰 바람
이 모든 게 한자리에 모여
내 보시기 속에 누웠다

자네 이제 한 잔 마시게나

파파고 족의 노래

* 이것은 전사가 적을 죽이고 나서 며칠간 은둔하면서 심신을 정화하는 것을 골자로 하는 노래이다. 새 잔에 술을 따라 마시고 나흘에 한 번씩 그 술잔을 내던진다.

## 그대 돌아오면

    그대 지금
           싸움터에 나가도 좋아
    돌아오면 그때
        나는 그대와
        결혼할 거야

                              테튼 수우 족의 노래
                              '시야카(Siya' ka)' 부름

# 남편의 죽음을 슬퍼함

아버지들이시여
우리의 아버지 태양이시여
'새벽 어머니'시여
성스러운 데로 나가 서 계신
그 어딘가를 우리가 지나갈 터이니
우리가 먹어 살이 되는
하얀 옥수수를
기도의 음식을
조가비를
옥수수 화분을
어버이들께 바치나이다

우리 아버지이신 태양, 당신에게
기도의 음식을
옥수수 화분을 드리옵니다
제가 드리는 기도대로
이루어지이다

벗어남이 없게 하소서
충심으로 기도를 드리옵니다
당신께 기도의 음식과 조가비를 바치옵니다
옥수수 화분을 바치옵니다
제가 드리는 기도대로
이루어지이다

주니 족의 노래

* 이것은 다른 전우들과 함께 백인을 대항하여 싸우다가 죽어 돌아오는 남편을 의연히 저승으로 떠나보내는 (임신 중인) 주니 여인의 애도사이다. 원수에 대한 증오심과 슬픔이 가슴을 메우련만 그런 감정을 노골적으로 나타내지 않고 조용히 기도하는 자세로 애도하는 품이 돋보인다. 악착같이 원주민의 땅을 빼앗고 또 빼앗아가는 악당은 언급할 가치조차 없다는 듯 강인한 무언의 메시지가 와 닿는 것 같다.

# 전쟁 노래

이리저리 통곡하며
부상자 그러모으는
수우 여인네들의 울음소리
나한테 되들려온다

수우 족의 노래

# '앉아 있는 황소'의 마지막 노래

나는 평생
전사(戰士)였다
허나 이제
모든 게 다 끝났다
살기가
어려워졌다

테튼 수우 족의 노래

---

* 수우 인디언 지도자 '앉아 있는 황소(Sitting Bull)'의 본명은 타탕카 이요타케(1834-90). 그는 1875년에 샤이엔, 아라파호 두 부족의 지도자와 11,000명의 연합군을 형성, 지금의 몬타나 주 남부 Little Bighorn지역 인디언 취락을 공격하러 온 조지 카스터 휘하의 미국연방군 260여 명을 거의 다 전멸시켰다. 그 후 캐나다로 도망갔다가 돌아와서 1881년 미군에 투항한다. 이 시는 그가 투항한 다음에 부른 노래다. '살기가 어려워졌다'는 것은 그의 부족이 조상대대로 살아온 땅을 백인정부에게 빼앗기고 갈 곳, 먹을 것이 없어진 억울하고 비참한 처지를 두고 하는 말이다.

# 헤투슈카단 전사의 노래

나는 사라져서 더 이상 살지 못 하리
허나 지금 내가 거니는 이 땅은
변함없이
길이 남아 있으리

오마하 족의 노래

\* 헤투슈카단(團)은 "부족민들의 영웅적인 정신을 고취하고 선조들의 용맹을 기리고 보존하기 위한" 단체였다. 어느 단원이 용감한 행동을 보이면 노래로써 그의 용맹을 보존할 것인가 말 것인가 하는 문제를 단에서 결정했다. 죽음에 대한 두려움은 누구나 마음속에 도사리고 있으므로 헤투슈카단에서는 단원들에게 이런 사상을 불어넣어주었다. 즉 인생은 무상하며 누구나 한번은 죽는 것이다. 고로 죽음에 대한 두려움을 간직함은 부질없는 일. 모든 피조물은 한번 왔다 가지만 강산만은 변치 않고 영원하다.

# 들소야

휘어진 너의 긴 뿔로 지금 우리 땅을 들이받으려무나
엄청난 홧김에 뗏장을 드높이 날려 버리려무나
휘어진 너의 긴 뿔로 지금 우리 땅을 들이받으려무나
그 소리 듣고 우리 심장이 튼튼해질 터
우리 싸움터로 나가
필요할 때 너의 힘을 빌려다오
대평원 모든 들소들 중에 왕인 너, 들소야
휘어진 너의 긴 뿔로 지금 우리 땅을 들이받으려무나
우리를 싸움터로 인도해다오

치퍼와 족의 노래

**샤이엔 족 전설 -** 들소의 유래

 옛날 옛적에 물살이 급한 개울 윗목에 샤이엔 사냥꾼들이 살았다. 개울물은 어느 커다란 동굴 안으로 흘러들어갔다. 추장은 부족민들이 먹을 새로운 식량을 구할 일이 시급해서 회의를 열었다. 그는 자기 부족민들에게 물었다. "큰 동굴을 탐색해보아야 되겠는데 용기 있는 사냥꾼들 중에 몇 사람이나 이 모험을 자원하겠는가? 물론 대단히 위험한 일이지. 하지만 우리 용사들이 있지 않은가." 아무도 추장의 말에 반응을 보이지 않았다.
 이윽고 젊은 용사 하나가 얼굴에 사냥채비 칠을 하

고 나서서 추장에게 "우리 백성을 위해 제가 가서 희생하겠습니다."라고 답했다.

동굴에 도달해보니 놀랍게도 다른 샤이엔 사냥꾼 두 사람이 입구 가까이에 서 있지 않은가. 개울이 지하로 급히 흘러들어가는 지점이었다.

"이자들이 나를 비웃으려고 여기 와있는 건가?" 첫 용사는 알고 싶었다. "내가 물속으로 뛰어들 때 이 친구들은 그저 나와 같이 하는 척이나 내려는가?" 다른 두 용사는 같이 행동할 거라면서 첫 용사를 안심시켰다. "자네, 우리를 오해하고 있어. 우린 정말 자네랑 동굴에 들어가고 싶다니까."

첫 용사는 그들과 합세하여 커다란 동굴입구로 펄쩍 뛰어들었다. 너무 어두운지라 시간이 좀 지나서야 눈이 적응되었다. 문 같은 것이 나타났다. 문을 두드렸으나 아무런 반응이 없었다. 한 번 더 세게 두드렸다. 그랬더니 인디언 할머니 한 분이 문을 열면서 묻기를, "용사들, 뭐가 필요해서 그러나? 자네들 배고픈가?"

"네, 할머니. 저희들은 우리 부족민이 먹을 식량을 찾아보는 중입니다." 첫 용사가 대답했다. "항상 먹을

게 넉넉지 못한 것 같아서요."

"배고파?"

"아, 네. 친절하신 할머니. 많이 배고파요."

그 할머니는 문을 활짝 열어 젊은 용사들을 안으로 들였다.

할머니는 창문 쪽을 가리키며 용사들이 밖을 내다보게 했다.

"저기를 봐."

그들 눈앞에 아름답고 드넓은 초원이 전개되었다. 엄청난 들소 떼들이 한가로이 풀을 뜯어먹고 있었다. 그걸 본 젊은 용사들은 믿을 수가 없었다.

할머니는 들소고기가 담긴 돌 구이 판을 청년들에게 하나씩 갖다 주었다. 어찌나 맛있는지 용사들은 배가 부를 때까지 먹고, 먹고 또 먹었다. 놀랍게도 구이 판에는 들소고기가 더 남아 있는 게 아닌가!

"자네들 이 고기를 캠프 사람들한테 가져다주게나. 내가 곧 들소 몇 마리 보내줄 거라고 전해."

할머니가 하는 말이었다.

"친절하신 할머니, 감사합니다. 감사합니다."

샤이엔 청년들이 선사받은 그 들소고기를 마을로 가지고 가니 사람들은 생전 못 보던 훌륭한 음식을 받고 기뻐했다. 그 할머니가 보내준 세 마술 돌 구이 판의 고기로 마을 사람들은 배불리 먹고 고마워했다.

다음날 새벽 깨어보니 들소 떼들이 신비롭게 나타나 마을을 둘러쌌다. 그런 행운을 보고 마을 사람들은 동굴 할머니와 천신님이 정말 고마웠다.

---

* 샤이엔(Cheyenne) 족은 현재 미국 서부 로키산맥의 북단 일부를 서쪽으로 끼고 있는 와이오밍(Wyoming) 주의 수도 이름이 "샤이엔"이다. 물론 아메리카 원주민의 이름을 딴 것이다. 이들은 본래 말(馬)을 타기 시작하면서 South Dakota, Wyoming, Nebraska, Colorado, Kansas 4개 주를 포함하는 광활한 대평원지역을 본거지로 하여 자유롭게 살던 부족인데, 역시 19세기에 백인물결에 밀려나 북쪽 몬타나(Montana)로 이주했다. 지금은 몬타나와 오클라호마 두 곳 자치제 보호구역에서 살고 있다. 샤이엔 사람들은 스스로를 '치치스타스 : 사람'이라고 부른다.

과거에는 각 씨족 대표 4명씩 총 44명의 족장으로 구성된 평의회의 합의(consensus)를 거쳐 모든 일을 결정했다. 이는 평의회차원의 합의를 거쳐야만 무슨 일을 처리했다는 뜻이다. 즉 동부 '이로쿼이 연맹'처럼 샤이엔 주민들도 공동체 내의 조화를 매우 중요시했다는 증거다. '에페바에(Epeva'e) 좋습니다!'

## 전사의 노래

그 누구도 죽음을 피할
우회할 길을 찾지 못했거늘
죽음을 만난
죽음이 기다리는 곳에 도달하신 옛 어르신들도
피할 길을 가리켜주지 못 하셨거늘
죽음을 대하기란 어려워

오마하 족의 노래

# 사냥노래

노루가 내 노랫소리 듣고 다가오네
노루가 나 노래하는 데로 다가오네
노루가 내 노랫소리 듣고 다가오네

야생노루가 좋아하는
지빠귀는 나, 내가 지빠귀지
노루가 내 노랫소리 듣고 내게로 다가오네

흑산 꼭대기에서
오솔길 따라
노루가 내 노랫소리 듣고 내게로 다가오네
지금 오고 있네, 오고 있네

과일 꽃, 들꽃 많이많이 지나서
지금 오고 있네, 오고 있네
내 노랫소리 듣고 노루가 내게로 다가오네

꽃 이슬방울 지나서
지금 오고 있네, 오고 있네
내 노랫소리 듣고 노루가 내게로 다가오네

가루, 꽃가루 지나서
지금 오고 있네, 오고 있네
내 노랫소리 듣고 노루가 내게로 다가오네

왼쪽 앞발 먼저 내딛으며
놀란 노루 발 구르며
나 노래하는 데로 다가오네

내가 노리는 표적, 난 복도 많지
운 좋게 쫓고 있는데
나 노래하는 데로 노루가 다가오네

노루가 내 노랫소리 듣고 내게로 다가오네
노루가 나 노래하는 데로 다가오네
노루가 내 노랫소리 듣고 내게로 다가오네

나바호 족의 노래

# 울리파크의 순록 노래

에예, 에야
나는 봄이 일찍 찾아오던 그때를 회상한다
젊은 날
봄이 일찍 찾아오는 줄 알았던 그때를
내가 그런 사냥꾼이었던가?
그게 정말 나였어?
내 추억 속에는
호숫가로 천천히, 애써 카약을 저어가는
청년이 보이는데 — 창으로 잡은 순록 여러 마리를 끌면서
카약 타고 사냥하던 일을 회상할 때
나는 제일 행복하다
뭍의 순록들 사이에선 내 명성이 별로였지
한창때 힘을 되새겨보는 이 노인은
명성을 얻은 그 숱한 행적들을
돌이켜보는 게 참 좋다

카리부 에스키모의 노래

* 이것은 한때 날렵한 몸으로 순록 사냥을 하던 자신의 젊은 날을 회상하는 노인이 울적한 마음을 달래는 노래다.

* 울리파크(Ulifak): 에스키모 청년 이름

# 바람 노래

　　　내 사랑은 오직 하나
　　　내 사랑은 오직 하나
　　　내 사랑은 오직 하나
　　　저 멀리 떨어져 있어

에 예, 에 예
저 멀리 싸움터에 나가있으니
허구한 날 쓸쓸하고 괴롭네

키오와 족의 노래
독수리 추장(Eagle Chief, 테네테/T'e-ne-t'e) 부름

# 싸움터

아 나는 결코, 결코 못 잊어
오래전, 나와 결혼하고파 하는 그 사람이
장난삼아 내게 한 말
등에 상처 난 조랑말 타고 다니는
그는 나에게 어떤 사람?

키오와 족의 노래<br />독수리 추장(Eagle Chief) 부름

## 열망하는 어머니의 노래



이걸 여쭈러 찾아 왔어요
이걸 여쭈러 찾아 왔어요
    사냥에 능한 댁 아드님
    우리 딸
    혼인을 허락해 주십사 구요
    그러시면 우리 집 녀석
    댁 따님에게
    놋쇠주전자 하나 선사하리다


치퍼와 족의 노래
'두 하늘 여인(비타와기지고꿰)' 부름

## 우티티아크의 노래

아자! 즐겁구나. 이거 좋구나!
아자! 사방이 얼음, 그것도 좋아
아자! 나는 즐겁다. 이거 참 좋다!
우리나라는 모두 진창 눈, 그게 난 좋아
아자! 이 일 정말 언제 끝날까? 이거 좋구나!
지켜보고 깨어있는 거 피곤하지만, 난 이게 좋아!

에스키모 족의 노래

---

* 이 노래는 물개사냥을 하러 바다로 나갔다가 얼음타고 일주일 동안이나 떠돌아다니며 온갖 고생 끝에 해안으로 돌아온 우티티아크(Utitiaq)라는 에스키모 청년이 지은 것이라고 한다. 그는 캐나다 동북 바핀 섬(Baffin Island)의 '컴벌랜드 해협(Cumberland Sound) 에스키모 인'이다.

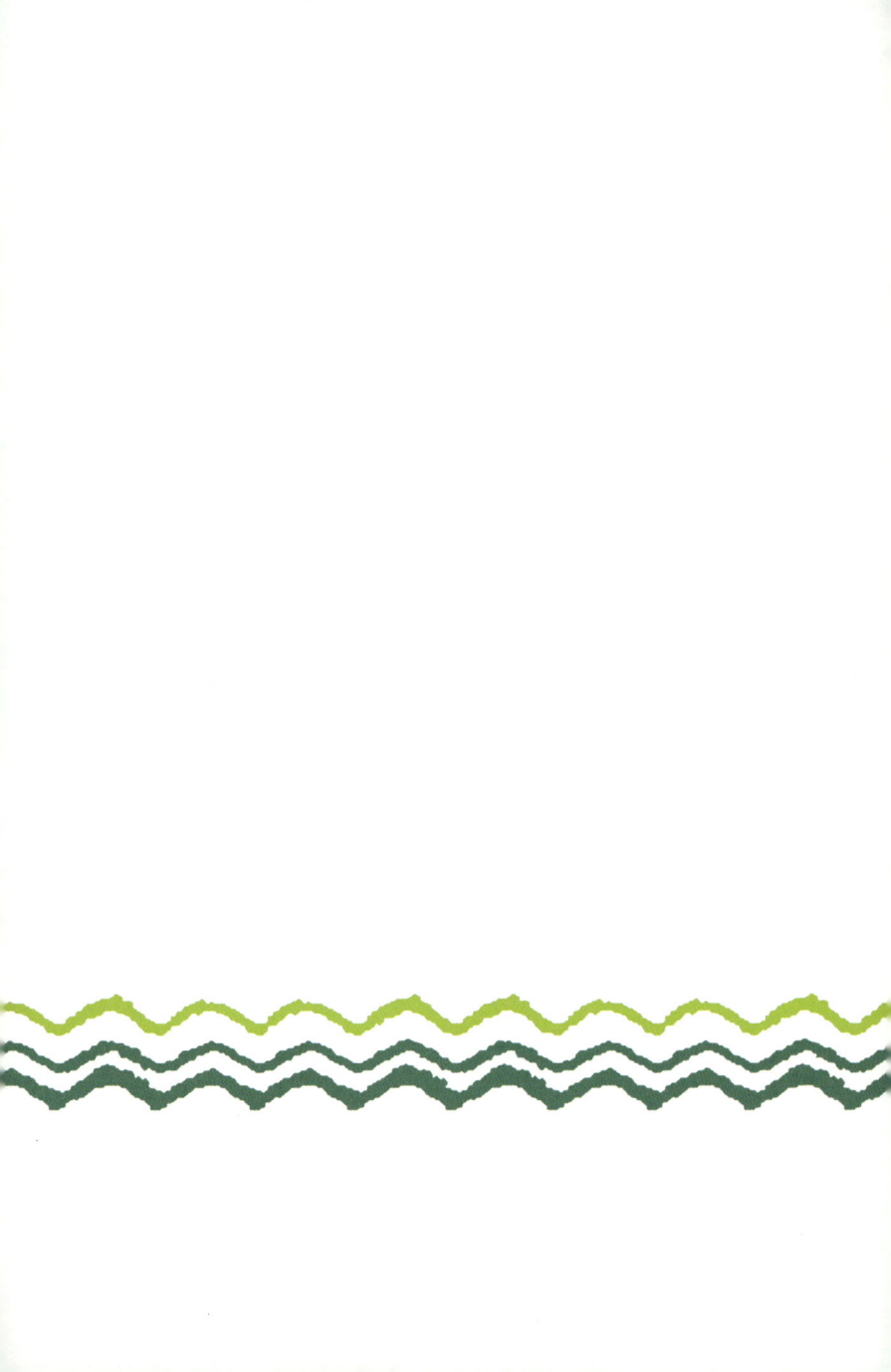

# 5부

## 아메리카 원주민의 세계관

신명섭

# 서론

우리의 자기중심적인 성향(ethnocentrism)을 암시하는 세계관은 제2차 세계대전 이후에 활기를 띠기 시작한 인류학의 주제로서 이 분야의 선구적 역할을 했던 마거렛 미드(Margaret Mead)나 클라이드 클락혼(Clyde Kluckhohn) 및 에드워드 홀(Edward Hall) 등의 잘 알려진 논문이나 저서의 근간을 이룬다(Mead, 1949 & 1956; Kluckhohn, 1949; Hall, 1959 & 1969). 이와 같은 주제를 남미 브라질-베네수엘라 접경지역의 원주민 야노아마(Yanoama) 인디언의 경우를 들어 연구한 문화지리학자 윌리엄 스모을(William J. Smole, 1990)의 관찰은 본문에 적합한 시발점이라고 생각된다. 인간과 신과 자연을 각기 별개의 실체로 간주하는 기독교적 삼위일체관(三位一體觀)과는 달리, 애니미즘의 시각으로 사물을 바라보는 야노아마 인들에게 있어서 종교란 어떤 의미를 지니는가? 이런 질문에 대해서 스모을(Smole)이 얻은 답은 아래와 같다.

종교는 유대-기독교에서 하듯 인간 – 자연 – 신을 개념적으로 구분하지 않고 생활 전체에 영향을 끼친다. 전지전능한 신은 존재하지 않는다. 야노아마 인들을 둘러싸고 있으면서 그들과 따로 존재하는, 그들이 지배해가지고 자신들이 필요한 것을 충족시키게 할 수 있다고 보는 그러한 물질적인 세계는 없다. 신비스럽게도 인간은 동물과 함께, 심지어는 바람과 천둥 같은 자연현상과도 공생할 수가 있다. 원숭이, 맥(貘), 노루, 숲의 새들과도 친하게 살고 있다. 여태껏 그래왔고 앞으로도 그럴지 모른다.

야노아마 사람들은 우리가 보통 인간과 신의 영역이라고 규정하는 양자사이를 쉬이 넘나든다. 그래서 성인남자들은 다른 피조물들, 특히 큰 독수리 및 재규어와 정신·영혼을 공유한다. 여자들의 신분은 영적으로 나비처럼 전혀 다른 피조물과 교감한다 (Smole, 96).

본문의 주안점이 되는 아메리카 원주민의 견해로는, 만물의 근원이며 우주질서를 주관하는 것은 Great Spirit 즉 대신령이다. 대신령은 북미 지역의 모든 부족들이 공통으로 섬기는 우주질서의 주관자로서 그의 거처는 자연 그 자체이다. 아마 그래서일까, 북아메리카 원주민의 세계에는 이렇다 할 인위적인 건축물이 없다. 그러나 그들이 지니고 살아온 세계관 속에는 자연환경을 '안식처'로 진지하게 인식하는 면과 바로 위에서 말했듯이 자연을 대신령의 거주지로 여기는 특징이 엿보인다. 인디언들은 과거에도 지금처럼 자연을 정신으로 충만한 실체라고 생각했다. 이처럼 땅을 경건시하는 세계관은 오랫동안 그들 문화속에 침투되어서 토지 및 자원이용이라는 점에서 그들의 지리적인 습성에 지배적인 영향을 주었다. 이런 맥락에서 필자는 먼저 여러 인디언 부족들 특유의 지리적 어휘를 통해 인디언 세계관의 특징을 서술해보고자 한다. 그리하여 모름지기 본능적으로 추구해온 그들의 자연관 또는 문화적 본질을 다소나마 바르게 이해하고, 이 같은 배경에서 생겨난 세계관이 어떤 시각(cultural prism)을 낳았으며 또 이로 인하여 아메리카 원주민들은 사물 및 현상을 어떻게 보았을까 하는 좀더 구체적인 차원으로 문제를 옮겨서 시나 기타 문학작품 및 논픽션(nonfiction) 자료를 통하여 해답을 찾기로 한다.

미국의 인간생태학 교수인 폴 쉐퍼드(Paul Shepard)는 인간이 장소(place)라는 것을 어떻게 의식하는가 하는 문제를 살펴보는 책에서 인간이 환경과 만난다는 것은 자아와 장소가 서로 관계를 맺는 것이라고 했다(Shepard, 34).

이 말은 사람이 살아가는 중에 꽃, 새, 의상과 같은 평범한 사물들과 산, 물, 월출 및 일몰과 같은 자연현상들을 접하는데, 이런 현상들이야말로 인간이 현실을 인식하고 삶에서 자신의 위치를 깨닫는데 매우 중요하다는 것이다.

아메리카 인디언들의 시를 음미해보면 그들의 자연적인 환경과 정신적 본체와의 관계가 진정 얼마나 중요한가를 곧 알게 된다. 인디언이 감지하기로는, 자연이나 우주 전체는 정신으로 충만되어 있다(Astrov, 160). 이것을 단순히 원시적 애니미즘이나 먼 과거에 대한 어떤 근시적인 감상주의로 간주한다면 이는 인디언 세계관에서 엿볼 수 있는 영속적이고도 매혹적인 문화의 진지한 내면을 아예 알아보지도 않고 무시해버리는 결과가 될 것이다.

이 대목에서 우선 마거릿 아스트로프(Margaret Astrov)의 《인디언 명시선집》에 실린 내용을 중심으로 하여 대지에 대한 인디언들의 묵시적 태도와 그들의 정신으로 충만한 세계관이 어떻게 은유적으로 혹은 구체적으로 표현되는가를 분석·제시한다.

## 본론

### 여명으로 지은 집(House made of Dawn)

인디언들은 "노래를 불러 옥수수를 자라게" 하였고(sang up corn) 대신령에게 기도를 드려 땅위에 비를 내리게 했다("called down rains on the earth's face," Look지, 41). 이 비유적인 말에서

'corn'이라는 것은 인디언 landscape의 어떤 특성을 암시하는 상징이다. 우선 이것은, 모든 곡식의 이름과 마찬가지로, 들을 암시한다. 그런데 들은 광활함(spaciousness)을 시사하는 이미지, 즉 하늘과 태양 및 비, 초목, 대기를 연상케 하는 것이다. 이와 같은 연상의 사슬을 더 이어보면, 우리는 공기의 유동성을 자유라는 개념과 연결시킬 수 있다.

치퍼와(Chippewa) 족의 "Dream Song"에서 코라(Cora) 족의 "Song of Fertility Rites 출산의식의 노래"에 이르기까지 하늘은 언제나 위대한 정신의 거주지로서 묘사되어 있다. 태양, 달, 공기, 물, 바위는 대지가 중심적인 공간으로서 그들을 감싸는 가운데 우주와 밀접한 관계를 맺고 있는 요소들이다.

이어서 오사지(Osage) 족의 창조 신화를 보면 이런 요소들은 영원한 삶의 주기에 대한 관념과 얽혀져 있다. 옥수수와 속에 들어 있는 정신은, 험악하게 으르렁거리는 폭풍이나 비 또는 구름처럼 인디언들의 땅이라면, 어디에서나 볼 수 있다. 이러한 가운데 위대한 정신이 시간을 초월한 허공에서 인간사를 지배할 때 인간은 자연 법칙에 완전히 복종하며 살아간다. 아래 두 인용문에서 우리는 그러한 점을 엿볼 수 있을 것이다 (Astrov, 160).

머리털이 자라니 거기서 콩, 옥수수, 감자, 순무 그리고 온갖 풀과 나무들이 돋아났다. 대지를 만드신 이여, 들으소서! 곧 당신께 담배를 드리겠나이다. 우리 조상이 당신께 정성을 모아 기원하였나니, 그에게 주신 그 복 저에게도 내려주시기를 청하옵니다.

 정신은 공간에서 존재하듯이 옥수수 속에도 존재하였다. 인디언들의 대신령에 대한 신념은 그들의 경제습성을 완전히 지배하였다. 땅을 이용할 때 인디언들은 성상 앞에 무릎 꿇는 사람처럼 조심스런 마음으로 경작하였다. 19세기의 어느 여행자가 관찰한 바에 의하면 인디언들은 대체로 필요이상 살생을 하지 않는 것이 원칙이었다("a rule… not to kill more meat than he can use," Pike, 289). 미국 문학에서 이른바 로컬 컬러리즘(local colorism)을 대표하는 윌러 캐더(Willa Cather)는 그의 작품 〈Death Comes to the Archbishop〉의 주인공을 통해 이렇게 말한다. "An Indian hunt was never a slaughter" (Cather, 234). 인디언들은 생태(ecology)에 대해서 본능적인 지각을 갖고 있었기 때문에 농사나 사냥을 할 적에도 모두 자연자원 이용이 최저선을 넘지 않았다. 그들의 토지이용은 지표면만을 이용하는데 국한되었다. 그들은 경작을 목적으로 땅을 팔 때에도 풀뿌리의 길이보다 더 깊이 파헤치지를 않았다. 델라웨어(Delaware) 족의 "Big House Ceremony"나 쿠와키우틀

(Kwakiutl) 족의 "Prayer to the Young Cedar" 혹은 피마(Pima) 인디언들의 "Rain Song"에 나타나는 주생활 방식은 농부, 채집가, 사냥꾼의 생활이다. 아스트로프(Astrov)의 시선집에는 그들이 어떤 종류이든 광물을 채출하여 생계를 의존하였음을 시사하는 글은 전혀 없다.

눈에 보이는 모든 사건들을 의인화하지 않으면 마치 초자연의 분노를 살까 두려워라도 하듯이 인디언 시에 묘사된 모든 자연현상은 의인화되어 있다. 네페르세(Nez Perce) 인이었던 소마할라(Somahalla)는 단호한 어조로 다음과 같이 말했다 (Astrov, 85).

You ask me to plow the ground. Shall I take a knife and tear my mother's bosom? Then when I die she will not take me to her bosom. 자네들 나더러 땅을 갈라고? 내가 칼로 우리 어머니 가슴을 찢으랴? 그럼 나 죽어서 어머니가 나를 품어주지 않으실 터.

만약 "Prayer to the Young Cedar"가 삼 껍질을 벗겨서 바구니를 만드는 여인의 나무에 대한 감사와 정을 나타낸다면 피마(Pima)의 "Rain Song"은 메마른 땅에 간절히 바라던 비가 내리는 데에 대한 농부의 섬세하고 감사하는 마음을 보여주는 것이라고 하겠다.

Beneath the abode of the rain gods, It is raining; small corn is there. 비의 신들 거소밑에 비가 내리네. 작은 옥수수가 거기 있네. (Astrov, 192).

이와 같은 시작품 속에도 반영되어 있듯이 인디언들이 사는 곳이면 어디서나 볼 수 있는 landscape는 건조한 남서쪽의 울퉁불퉁한 깊은 협곡에, 중서부 대평원에, 또는 동부 삼림지역 어디에 다소곳이 모여 있는 푸에블로(Pueblo) 부족의 어도비(adobe) 벽돌집이나 나바호(Navajo)의 호건(hogan)으로 된 공동체(community)이다. 이러한 인간의 거처는 그 주위의 자연적 환경과 거의 구별되지 않는다. 그러므로 나바호(Navajo) 사람들은 다음과 같이 노래한다.

여명으로 지는 집

저녁 빛으로 지은 집
먹구름으로 지은 집
남자 비로 지은 집
검은 안개로 지은 집
여자 비로 지은 집

(Momaday, 134)

인디언들의 landscape에 있어서 두드러진 특징은 눈에 보이는 인간의 물질적인 요소가 아니라 광대하게 펼쳐있는 공간, 혹은 더욱 적절하게 표현하자면, 태고적 허공이라고 할 수 있다. 마치 아프리카의 북소리가 끊어질 때의 침묵이나 희랍 항아리(Grecian Urn)에 새겨진 숲 속에서 키츠(Keats)가 감지한 "still unravished…quietness"(Keats, 731)와 같이, 선사시대 이래로 인디언들은 인간이 이루어 놓은 그 무엇보다도 그들의 세계에서 압도하는 허공을 가슴 깊이 의식하고 있었던 것 같다. 침묵(혹은 공허)를 우주의 긍정적인 실체로 인식하는 것은 모름지기 북미 인디언들 의식의 근저를 이루는 가장 주목할 만한 특징일 것이다. 그러한 인디언들의 형이상학적인 문맥에서 볼 때라야 비로소 "sang up corn"이라든가 "called down rains"와 같은 은유적인 표현이 무엇을 의미하는가를 이해하게 된다. 역시 이런 맥락에서 라 파지(Oliver La Farge)의 〈Laughing Boy〉의 주인공, 웃는 소년(Laughing Boy)이 그의 신부가 될 슬림걸(Slim Girl)에게 자기 고향에 대한 정념을 표시한 말의 의미도 잘 이해가 될 것이다(La Farge, 96).

…Just above the rim of cliff you see Chiz-na Hozolchi Mountain. It is far away, it is blue and soft. Even when the sky is blue as turquoise as a knifeblade, it is soft, and more blue. You will like that country. 바로 절벽 언저리에서 치즈나 호졸치 산이 보여. 저 멀리 푸르른 포근한 산이지. 그 곳 네 맘에 들 거야.

### 시공개념 (Space - Time)

인디언 landscape에 나타나는 광활함이라는 주제와 밀접한 관계를 갖는 것이 바로 공간연속체의 일부라고 간주되는 시간 개념이다. 어느 현대 치퍼와(Chippewa) 사람이 시간은 곧 낮과 밤의 대조라고 했듯이, 인디언에게는 시간 그 자체가 하나의 경험과 같은 것이다 (Newlund, June 6-20). 말하자면 인디언에게는 시간이란 땅의 일부로서 전체적인 생활경험과 분리될 수 없는 요소인 것이다. 그래서 룩(Look)지의 한 기자는 다음과 같은 말을 한 적이 있다 (Look, 24).

The essence of Indian lies deep in his land; eternally sacred, spirit-protected and, serenely unyielding to any but those…attuned to the flow of its forces. 인디언의 진수(眞髓)는 땅이다. 영원히 성스럽고, 신령이 보호해주며 땅의 기세의 흐름과 조화된 사람 아니면 그 누구한테도 침착한 자세로 양보하지 않는 그런 땅이다.

인디언의 영역에서 삶은 시간을 초월한다. 그들의 사고방식에 의하면 시간의 개념은 인간의 삶으로부터 분리할 수 있는 부품이 아니다. 그들은 현세를 떠나 영혼의 영역으로 들어갈 때에 죽음 자체를 삶의 연장으로 간주한다 (Astrov, 75).

크로우(Crow) 족의 "Warrior Song"에서 표현되었듯이 하늘과 땅은 영원한 것이다("Eternal are the heavens and the earth," Astrov, 91). 이런 차원에서 볼 때, 미네소타(Minnesota) 주에 사는 Red Lake Indian 소녀들 30명 중에서 아무도 Twin Cities 의류공장에 채용된 뒤 3일을 견디지 못했다는 사실은 전혀 과장이 아닌 것 같다. 역시 St. Paul(Twin Cities의 하나)에 사는 치퍼와(Chippewa)의 어느 가장이 어떤 신문기자에게 지적한 첫번째 문제는 자기 아이들이 뛰어놀만한 공간이 없다고 한 것도 마찬가지다.

## 나무와 약초와 동물들

두 소년이 팽나무 덤불(a hackberry bush)을 걷어차고 들의 근채류(root food)를 먹으면서 아름다운 절벽(a beautiful overhanging cliff) 밑에서 행복하게 살던(Astrov, 89-90) 네페르세(Nez Perce) 인디언 landscape에서 우리들은 도교적인 자연신 성주의 같은 것을 느낄 수 있다. 델라웨어(Delaware) 인디언들은 자비로운 위대한 정신이 축복으로 그들에게 내려준 초목,

불, 공기, 햇빛을 예찬한다(Astrov, 166-167). 치퍼와(Chippewa)가 묘사한 하늘에는 아비(loon)와 다른 이름 모를 새들이 날고 있다. 그들이 아비를 꿈속에서 보았는지 아니면 실제로 보았는지는 분명하지 않다. 구태여 이런 구별은 하지 않아도 좋을지 모른다. 왜냐하면 중요한 것은 공중에 자유를 상징하는 새를 감상할 수 있는 인간의 여유 있는 정신 상태이니까(Astrov, 76, 79). 인디언의 땅에서 인간은 부서지지 않은 따뜻하고 푹신한 흙 내음(soft warm smell of the unbroken soil)을 맡을 수 있었다(Astrov, 184). 그 땅에서 나오는 물은 달콤하고 하늘에는 흰 독수리와 푸른 매가 날고 있다(Astrov, 193-4). 파파고(Papago) 인디언들이 사는 지역에서는 여인들이 야생 선인장 열매를 따서 바구니에 담고 네스칼레로 아파체(Nescalero Apache) 인들의 산에는 열매와 약초가 풍부하였다(Astrov, 200-201, 216). 남서부지역에 사는 인디언들을 보면, 테와(Tewa) 족은 그들 자신을 새가 노래하고 푸른 풀이 돋아나는 땅에서 만족하며 사는 Mother Earth와 Father Sky의 자손이라고 생각했다(Astrov, 221). 호피(Hopi) 인디언의 땅에는 복숭아와 식물, 그리고 많은 장과류 열매가 풍성하였고 시아(Sia) 사람들의 땅에는 곰과 오소리, 늑대와 독수리가 자유롭게 흩어져 살았다.

인디언들이 사는 곳에는 어디나 사람이 만든 물건이 자연적 배경과 융합되어 있었다. 그들이 사는 땅에서는 죽은 자가 산

자를 위해 비를 내리게 하였으며 그런 비는 또한 대지를 어루만져 주었다(Astrov, 238). 그곳에서는 인간이 생물이나 무생물을 모두 정신을 소유하는 듯 경건하게 다루었다. 인디언에게 있어서 자연이란 대신령이 사는 신성한 거처이며 조상들의 고향이기 때문에, 땅은 남용해서는 안 되고 보호해줘야 하는 것이었다. 자연을 숭배하는 인디언의 정신적 본질은 널리 알려진 나바호(Navajo)의 "Horse Song"에 잘 묘사되어 있다(Momaday, 155; Astrov, 183).

> 내 앞도 평화
> 내 뒤도 평화
> 아래도 평화
> 위로도 평화
> 두루두루 평화
> 녀석이 어-흐르르 거리는 소리도 평화롭고
> 나는 말이 있어
> 영원하고 평화롭다네.

 엄밀히 말하자면 목가적인 인디언 생활과는 대조적인 빈곤, 기생충, 거센 기후 같은 현실이 있었음은 사실이다(La Farge, 127-8). 그러나 본론에서 우리의 주요 관심사는 노골적인 현실적 생활면이 아니라 인디언의 정신세계에서 엿볼 수 있는 면이다. 아메리칸 인디언들이 자연과 친근하고 자연을 경외하는 데서 나온 주목할 만한 결과는 그네들의 본거지인 땅을 신성시하는 태도일 것이다. 이것은 그들의 영역을 침범한 사람들의 보편적으로 추악하고 진취적이었던 문화와는 크나큰 대조를 이룬다. 땅에 대한 그러한 기본적인 겸허한 태도가 부족의 차이와는 관계없이 인디언의 전통에 이어져 내려왔기 때문에, Sac 인디언의 추장 블랙 호크(Black Hawk)는 백인 정착민들이 이미 그의 부족한테서 많은 땅을 빼앗아 갔는데도 불구하고 땅을 더 앗아가려고 하는 지를 도저히 이해할 수가 없었다(Astrov, 140 및 Patterson, 118). 그가 생각하기로 땅은 금전적인 이득을 위해 거래하기에는 너무나 신성한 것이었다.

정신을 두려워하는 관습의 지배를 받아 자급경제에 거의 의존하였고, 자원이용도 극소화하는 원칙을 오래 지켜왔기 때문에 인디언들은 자연과 우주의 공간에서 발생하는 현상을 모두 예민하게 관찰하였던 것이 분명하다. 그러므로 인디언 시에 나타나는 숱한 어휘가 기후의 변동이나 지세 또는 식물과 동물의 생활에 관한 것이다. 관념적인 용어도 역시 근본적으로는 인간의 땅과 삶에 영향을 주는 자연적 사건들을 묘사하고 있다. 영과 육신을 지탱하는 수단으로 오랫동안 땅에 집착했던 사람들이 기억해야 할 중요한 것들은 "A Prayer to the Sun"과 "Buffalo Rock (Blackfoot 인디언)", "Seven Stars"(Assinboine), "Corn Spirit" (Skidi pawnee), 말(馬)과 비(Navajo, Papago), "Mountain Spirits" (Chiricahua), "Willows by the Waterside" (Tewa), "Groth of the Corn" (Zuni), "Song to Bring Fair Weather" (Noother) 등이었다. 이러한 여러 시의 제목에 나타나 있듯이 '자연속의 인간'과 같은 생활방식은 서로 멀리 떨어져 있음에도 불구하고 북쪽 삼림지역의 블랙풋(Blackfoot)이나 남동지방의 체로키(Cherokee) 족이 북서지방의 누트카(Nootka)와 일치하고 있다.

전통적으로 자신들의 땅을 본능적인 존경심으로 대한 사람들에 의해 이루어진 문화적 경관은 현대적인 기준으로 볼 때 틀림없이 연민의 정을 자아내게 할 것이다. 그러나 오늘날 보호구역에 갇혀 있거나 혹은 낯선 도시에서 살아가는 인디언들의 생활 이면에는 광활한 공간에서 영위하던 생활을 빼앗긴 사람들의 아픔이 있다. 그것은 아마도 그들의 조상들이 아름다운 환경 속에서 오랫동안 누려온 원시적이면서도 내적으로는 역동적인 그런 삶에 대한 잠재적인 회구에서 비롯된 아픔이리라.

인디언 landscape와 밀접히 관련된 그들의 정신을 살펴보면 소위 '인디언'이라고 불리우는 아메리카 대륙의 원주민이 겪어야만 했던 지리적 문화적 전위(dislocation)가 무엇을 의미하는지 알 수 있을 것이다. 인디언 landscape의 속성을 스케치해봄으로써 오랫동안 살아오던 고향땅에서 밀려난 그들의 마음이 어느 정도 쓰라렸을까 가히 짐작이 간다. 아래 글귀는 고향을 빼앗긴 인디언의 쓰린 경험을 암시하는 애가(哀歌)이다.

> 아름다운 슬픔 간직하고 나 헤매노라.
> 공허한 아름다움 간직하고 나 헤매노라.
> 나 절대 외롭지 않아요, 울지 않아요, 공허하지 않아요.
> 이제 옛 산길에서, 아름다운 길에서 나 헤매노라.
> 아할라니, 아름다워라!
>
> (La Farge, 189)

## 아쿰킨이마메훗 (Great Spirit)

위 La Farge의 소설(퓰리처 수상작품으로 나바호(Navajo) 부족 소년-소녀의 로맨스를 주제로 다룸)에서 발췌한 애가는 우리 시인 이상화가 〈빼앗긴 들에도 봄은 오는가?〉에서 묘사하는 좌절감과 자유에 대한 갈구를 연상케 하며, 17세기 초 동부에 최초로 백인들이 상륙한 뒤로 불과 200여 년 사이에 대륙을 깡그리 앗긴 북미원주민의 분노와 한을 시사하고 있다. 그들이 잃어버린 땅은 과연 어떤 특성을 지녔으며, 또 그 땅의 원주민들은 어떤 시각으로 자기들의 고향을 바라다보고 감지하였을까? 이에 대한 답을 1855년 미연방정부가 강요하는 조약에 마지못해 서명을 하는 자리에서 두아미쉬(Dwamish) 부족의 추장(Chief Seattle)이 남긴 감동적인 연설문에서도 찾아볼 수 있다.

시애틀 추장의 눈에 비친 백인들은 생활양식과 인생관 또는 세계관이 인디언들과는 근본적으로, 아니 숙명적으로 너무나 판이하게 달라서 공통점이라고는 거의 찾아볼 수 없는 인간들이었다. 그야말로 산 넘고 물 건너 남의 나라에 허락 없이 찾아와 처음에는 주인의 호의로 발 하나를, 다음에는 목을, 그 다음에는 아예 온 몸을 천막 속으로 들이밀면서 뻔뻔스럽게도 주객전도를 자행한 낙타와도 같이 백인들은 떠나온 자기들의 고향을 그리워하거나 후회하는 기색도, 고향에 묻힌 조상들의 넋을 경외하는 마음도, 그리고 남의 영토를 탈취한데 대한 죄의식도 없지 않은가. 암석에 하나님의 불손가락으로 새겨진 십계명을 가지고 온 사람들이로되 그네들에게는, 문자가 없이도 대신령이 고요한 밤에 엄숙히 터득시켜주는 선조들에 대한 이미지라든가 선열들이 살다가 삼라만상을 성스럽게 여기는 태도가 없었다. 타계한 조상과 살아있는 후손 간에는 연연히 이어지는 사랑이 있다고 확고히 믿어온 시애틀 추장은 자못 섹스피어의 구술을 무색케 할 우렁찬 어조로 이렇게 질책한다.

당신들은 죽으면 무덤 문을 지나는 즉시 남아있는 사람들과 본향 사랑하기를 멈추고 절대 돌아오지 않으며 별세계 피안으로 사라지고 말아. 우리는 죽어서도 우리에게 삶을 주었던 이 아름다운 세상을 절대로 잊지 않아. 푸른 산골짜기, 중얼거리는 강물, 웅장한 산들, 외딴 골짜기, 언저리가 푸르른 호수와 내포(內浦)들을 여전히 사랑하고, 심지어는 쓸쓸히 살아남은 분네들을 정겹게 그리워하며 종종 즐거웠던 사냥터로부터 돌아와 그분들을 찾아가서 길잡이가 되어주고 위로를 해준다네 (Davie, 100).

그러나 이토록 심금을 울리는 시애틀 추장의 힘찬 호소도 서부개척이 그 절정에 이르게 되는 19세기 중엽의 미국에서는 아무런 실효를 거두지 못한 채 그의 부족은 다른 수많은 인디언들과 마찬가지로 소위 보호구역(reservation)에 갇히고 만다. 이미 1776년에 정식으로 독립을 선언하고 나서 100여 년간 줄곧 멕시코, 스페인, 프랑스 및 영국 등이 차지하고 있던 엄청난 영토를 때로는 무력으로, 때로는 협상을 통해서 쟁취한 연방군의 조직된 전력과 개척민들의 집요한 토지소유욕 앞에서는 아무리 투지력이 강한 인디언 투사들도 필적이 못되었던 것이다. 끝내 미대륙의 드넓고 수려한 땅을 침입자들에게 내어줄 수밖에 없는 시점에서 시애틀 추장은 마지막으로 간곡한 당부의 말을 남기고 떠난다. 힘으로 남의 땅을 빼앗는 사람들이긴 하되

제발 그 속에서 자라는 아름다운 산천초목과 뛰노는 각종 동물들과 대대손손 이어져 내려오는 조상님들의 넋이 쉬고 있는 무덤만은 친자식처럼 여겨서 해치지 말아 달라고…. 그에게 소중한 것은 분명코 사유재산이나 물질이 아니라 대신령이 주관하는 자연의 아름다움과 평화였다. 그가 말하는 자연은 삶과 죽음이 구별되지 않고 공존하는 거룩한 땅이며 영적인 세계였다.

여기 이 흙은 성스러운 것이다. 많은 이들이 생각하기에 산등성이마다, 골짜기마다, 들과 숲마다 옛날 언젠가 슬펐거나 행복했던 일로 거룩해진 것이다. 멍청하고 죽은 것 같은 바위들마저 말없는 해안에서 무더위에 땀투성이가 되면서도 우리 백성들의 삶과 연루된 여러 가지 감동적인 사건에 대한 추억으로 우리를 찡하게 한다. 당신들이 밟고 있는 그 먼지 하나도 당신들보다는 우리 백성을 더 정답게 반겨준다. 어째서? 우리 조상님들의 유해(遺骸)와 우리들의 맨발이 그 온정을 의식하기 때문이다 (Davie, 100).

근엄하고도 애절한 시애틀 추장의 호소문이 당시 아예스(Hayes) 대통령에게 전달된 뒤로부터 약 20년의 세월이 흘러간 1879년, 역시 미북서지역을 삶의 터전으로 삼아 아득한 옛날부터 살아오던 땅을 지키기 위해 미연방정부군소속 하워드

(Howard) 장군 휘하의 기병대를 게릴라 전법으로 끈질기게 저항하다가 기울어진 대세를 바로잡을 길이 없어 항복하고 마는 네페르세(Nez Perce) 부족의 지도자 조제프 추장(Chief Joseph)도 시애틀 추장과 같은 의연한 자세로 백인을 향해 그의 가치관과 세계관을 피력한다. 스스로를 '산상(山上)의 천둥(Thunder traveling over the Mountains)'이라고 부르는 그에게 있어서도 가장 값진 것은 물질적 부(富)가 아니라 사랑과 평화와 정의 그리고 신의였다. 그러므로 그는 양보하면 할수록 더 많은 땅을 달라하고 또 문서화된 조약까지도 헌 신발처럼 저버리면서 상대방을 속이고 위스키를 먹여서 취하게 만든 후에 이쪽의 생활터전과 드넓은 하늘을 송두리째 빼앗아가는 사람들의 행위를 도저히 이해할 수 없었다. 그의 곧은 말을 직접 들어보자.

내가 바라는 것은 투쟁과 정의뿐이다. 나는 수우국의 대표자이며 내 말과 대의(代議)로 수우국을 다스린다. 나를 보아라. 나는 가난하고 헐벗었다. 그러나 나는 한 나라의 우두머리다. 우리는 부(富)를 원치 아니한다. 우리의 바람은 자녀들이 옳게 훈련을 받아 성장하는 것이다. 우리가 그대들에게 기대하는 건 온정(溫情)이다. 우리에게 부는 무용지물(無用之物), 타계(他界)로 갖고 갈 물건은 하나도 없다. 우리가 원하는 건 사랑과 평화다. 행정관들이 나와서 하는 일이란 우리 물건을 빼앗아가는 것뿐이다 (Davie, 109).

위의 두 추장의 말에는 궤변이나 허위성이 없다. 그들의 말이 글자 그대로 직언인 것은 당사자들이 자신들의 양심과 대신령을 두고 진실을 말하겠다고 맹세를 했기 때문이다.

"진실을 말하는데 많은 말이 필요 없다. 내가 해야될 말은 나의 가슴에서 우러나올 것, 곧은 혀로 말하리라. 아쿰킨이마메홋(대신령)님께서 나를 내려다보시고 내 말을 들어주시리라." (Davie, p. 109에 인용된 Chief Joseph의 말).

# 결론

21세기를 접근하는 시점에서 기술문명에 오염되지 않았던 토속문화를 두고 과찬하거나 무작정 감성에 빠져서도 안 되겠지만, 북미지역 인디언 세계관의 핵심요소가 '대신령'이라고 하는 개념인 것은 확실하며 이 같은 개념의 근저가 되는 사상은 동식물을 포함한 모든 생물 속에는 혼이 깃들어 있다는 믿음이다. 인디언들은 땅 그 자체가 어버이와 같은 생명체이며 자연 속에 담긴 만물은 대신령의 구현이라고 생각했다. 그리고 이런 생각 또는 시각이 어릴 때부터 체질화되고 일상생활 속에서 언행의 지침이 된 것이다. 예를 들면 다코타 수우(Dakota Sioux) 인디언계 양크톤(Yankton) 부족 출신으로 틴에이지적의 토속문화와 그 후에 받은 서구식 교육 사이에서 많은 갈등을 겪으면서 지식인이 된 질칼라-사(Zitkala-sa, 1876-1938)는 소녀 적 추억을 이렇게 회상했다.

신령(神靈)이 내 가슴을 부풀려주시면 나는 한가로이 푸른 언덕들 사이로 돌아다니거나, 혹은 가끔 중얼거리는 미주리 강가에 앉아 저 푸른 하늘을 바라보며 감탄하는 것이 참 좋다. 눈을 반쯤 감고 반대편 절벽들과 소리 없이 노니는 큰 구름의 그림

자를 쳐다보고 있노라면 부드럽고 달콤한 강의 물결소리가 내 귀에 들려온다(Zitkala-sa, 101).

여기서도 어린 소녀가 대신령의 존재를 자연스럽게 언급하는 환경의식이 특히 다음과 같은 자연현상을 지칭하는 어휘에서 돋보인다. "green hills, the great blue overhead, huge cloud shadows, high bluffs, the sweet…cadences of the river's song, tinkling waters" 등등.

인디언들에게 있어서 대신령은 이러한 가시적인 물체나 자연현상에 내재하며 일상생화에서 그의 존재는 산발적이 아니라 항상 인간의 안내자, 보호자로서 인식되었다. 그러므로 백인 선교사들의 교육을 받기 위해 생전 처음으로 고향을 떠나게 되는 짙칼라-사의 어머니는 딸에게 이렇게 타이른다. "Go tell them that they may take my little daughter and that the Great Spirit shall not fail to reward them according to their hearts"(Zitkala-sa, 44).

사실인즉 선교사들한테로 가고파하는 것은 당사자인 딸(Zitkala-sa자신)인데 아이러니컬하게도 자기의 소원을 호소하는 대상은 바로 대신령이다.

나는 잠자리에 들기 전 대신령께 애원하였다. 나를 선교사들과 함께 가는 걸 어머니가 기꺼이 받아들이도록 해달라고.

이와 같이 대신령은 우주안의 모든 질서를 주관하고 아울러 다양한 인간의 염원을 들어주는 절대적 존재로 인지되므로, 자기의 연인을 훔쳐간 원수를 대항할 용기가 필요한 청년도 그에게 간청하며, 크고 작은 인간사에서 증인이 되어주는 것도 대신령이다. 그리고 인디언들이 이렇게 절대자로서, 또 동시에 인간에게 가깝게 와 닿는 존재로서 느끼는 대신령은 지금도 북미 여러 지역에 흩어져 사는 인디언 후손들 사이에서 그대로 전수·숭배되고 있다. 현재 미국 애리조나 주 지역에 사는 호피(Hopi) 인들은 밀려드는 자본주의 물결로 전통적인 생활양식에 등을 돌리는 젊은이들에게도 매이지 않고 가파른 절벽에 조상을 경배하는 성지를 순례하며, 15세기부터 워싱턴 주 서북쪽에 취락을 형성하고 살아온 마카(Makah) 부족민은 그들의 생명이 전적으로 대신령에게 달려 있다고 믿으며, 또 몬타나 주 Red Earth Festival에서는 해마다 파우와우(powwow)라 일컫는 화려한 다부족 행사를 열어 갖가지 종교적인 춤과 마법의식을 통해 대신령을 경배하고 장구한 역사와 문화적 전통과 원주민 공동체의 장래를 기린다. 이런 데서 우러나오는 공동체 의식과 정신적 유대감을 대변해주듯 치카소(Chickasaw) 부족의 린다 호간(Linda Hogan)은 이렇게 노래한다.

> 우리에겐 한때 억눌려 다물어야 했었던
> 수많은 시끄러운 입 밖으로 나가 가슴을 뚫는
> 대양처럼 오래된 이야기들이 있다네
> 우리가 에워싼 모든 대양들이 이제 빛을 보네.

호간(Hogan)의 짧은 시(詩) 구절에서 우리는 북미원주민들 가슴속에 오랫동안 억눌려 있던 한 많은 사연을 읽을 수 있다 이제 소수민족이 과거 이삼백여 년 간 지속되어온 여러 가지 억압을 탈피하고 각기 특유의 전통과 아이덴티티를 되찾으려는 문화적 르네상스가 꿈틀거리는 모습도 볼 수 있다. 조용하면서도 의연한 그들의 목소리는 '이 세상에 잡초란 없다'고 한 말속에 함축된 자기 선조들의 세계관을 반영하고 있다.

# 참고자료

Astrov, Margaret. Winged Serpent, Capricorn Books, 1962

Cather, Willa. Death Comes to the Archbishop, Vintage Books, 1971

Cronyn, George W. The Path on the Rainbow (1918)

Davie, Emile. Profile of America, Thomas A. Crowell Co., 1954

Hall. Edward. The Silent Language, Anchor Press, 1959

    이와 같음. Lives for Old, Cultural Transformation, William Morrow, 1956

    이와 같음. The Hidden Dimension, Anchor Books, 1969

Harper's New Monthly Magazine 57 (1878), "The Poetry of Indians"

Keat, John. "Ode on A Grecian Urn"

Kluckhohn, Clyde. Mirror for Man, McGraw-Hill, 1949

La Farge, Oliver. Laughing Boy, New American Library, 1971

Look, June 2, 1970

Mead, Margaret. Coming of Age in Samoa, New American Library, 1949

Minneapolis Tribune, June 6~20, 1966, Sam Newlund series

Momaday, Scott. House Made of Dawn, New American Library, 1969

National Geographic, 1982/11, 1991/10

Patterson, J.B. Black Hawk's Biography, American Publishig Co., 1912

Pike, Albert. Prose Sketches and Poems, Calvin Horn Publisher, 1967

Shepard, Paul. Man in the Landscape, Alfred A. Knopf, 1967

Smole, William J. The Yanoama Indians, U of Texas Press, 1976

St. Paul Dispatch, April 3, 1962, R.J.R Johnson series

Zitkala-Sa. American Indian Stories, U of Nebraska Press, 1921

강은 거룩한 기억이 흐른다 / 아메리카 원주민 속에 전승되는 영혼의 노래

초판1쇄 펴냄 | 2010년 6월 15일

엮고 옮긴이 | 신명섭
펴낸이 | 정낙묵
편집 | 여연화
디자인 | 드림스타트
펴낸 곳 | 도서출판 고인돌
주소 | 경기도 파주시 교하읍 문발리 파주출판단지 514-6 1층 우편번호 413-756
전화 | (031) 955-8196
전송 | (031) 955-8197
손전화 | 019-261-2654
전자우편 | goindol08@hanmail.net
인쇄 | 갑우문화사
출판등록 | 제 406-2008-000009호

ⓒ신명섭 210
이 책의 내용을, 쓰고자 할 때는 저작권자와 출판사의 허락을 받아야 합니다

값 14,500원
ISBN 978-89-94372-14-3  03840